KB272408

십자가를 깎는 손끝에서

예수의 길과 나의 시간이

한 나무처럼 맞닿았다

예수 생애 십자가

예수의 길을 새기다, 내 삶을 만나다

조 남 식

예수 생애 십자가

| 지은이 | 조남식 |
| 초판발행 | 2026년 4월 5일 |

펴낸이	배용하
책임편집	배용하
사진	뿌리

등록	제364-2008-000013호
펴낸 곳	도서출판 대장간
	www.daejanggan.org
등록한 곳	충청남도 논산시 가야곡면 매죽헌로1176번길 8-54
편집부	전화 (041) 742-1424
영업부	전화 (041) 742-1424 · 전송 0303 0959-1424
ISBN	978-89-7071-793-7 03230

| 분류 | 기독교문학 | 에세이 | 묵상 |

값 15,000원

이 책은

예수의 십자가를 묵상하며,

내 안의 상처와 사랑과 소명을

함께 돌아보는 기록이다

십자가는 예수의 죽음만이 아니라,

오늘을 살아내는 우리의 삶 전체를

비추는 형상이다

차 례

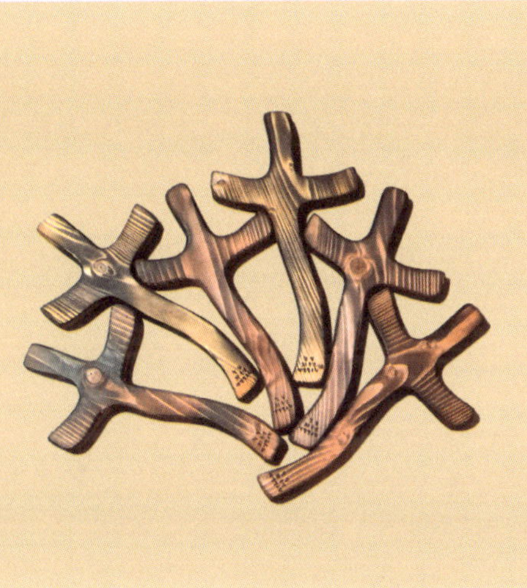

나의 십자가 이야기

조 목수라고 불러주세요

지역의 한 단체에 소속되어 2년여 동안 평화통일교육 강사로 활동한 적이 있다. 한 번은 자기소개 시간에 시골에서 농사를 지으며 목수 일을 하고 있는데, 부업으로 목회도 하고 있다고 말해서 좌중을 웃게 만든 적이 있다. 사람들은 당연히 내가 목사인데, 시골의 작은 교회 목사여서 부업으로 목수 일을 하고 있다고 여긴다. 그런데 정작 나는 목수보다 목사라는 정체성에 더 붙들려 사는 것은 아닌지 돌아보게 된다. 강사 활동을 하면서 주된 호칭은 선생님이다. 내가 목사인 것을 알고 간혹 호칭을 어떻게 해야 할지 묻는 이들도 있다. 그러면 나는 '조 목수라고 불러주세요' 라고 말한다. 하지만 그분들은 내 말대로 나를 '조 목수' 라고 부르지는 않는다. 그룹 내 다른 강사들과 마찬가지로 서로 '샘' 으로 편하게 부른다. 목사들은 목사 안수를 받고 나면 평생 '목사님' 이라는 호칭에서 벗어나지 못한다. 목사라는 호칭에는 단순한 직업 이상의 무게가 따라붙는다. 목사라는 직함을 내려놓은 한 사람으로 자신의 연약함이 드러나는 것을 두려워한다. 목사로만 살다 보면 사회의 여러 결을 몸으로 겪을 기회가 많지 않다. 나는 목사로만 살지 않은 것, 목회 현장이 아닌 다른 생활 현장에서 살아본 경험을 다행으로 여긴다. 한때 내게 더 따뜻하게 들리던 이름은 '목사' 가 아니라 '목수' 였다. 귀농을 준비하며 집 짓는 일도 배울 겸 한옥 건축 현장에서 일한 적이 있다. 한옥 일은 처음이어서, 내가 할 수 있는 일이라곤 자재를 나르고 현장을 치우는 정도였다. 당시 함께 일하던 목수들은 대부분 내 나이 또래였는데, 먹줄을 놓고 톱질을 하고 대패질을 하는 모습이 몹시 부러웠던 기억이 난다. 얼마 지나지 않아 드디어 나에게도 연장을 들고 일하는 순간이 찾아왔다. 전기 대패로 목재 면을 다듬는 일이었는데, 전동 공구를 들던 첫날의 뿌듯함은 아직도 손끝에 남아 있다. 사람들이 나를 '조목수'라고 부를 때면, 그제야 내 손에도 일이 배어드는 것 같았다. 기술을 제대로 익혀 숙련된 목수가 되고 싶었다. 아직 스스로를 숙련된 목수라고 생각하지는 않지만, 제법 목수다운 면모를 갖추게 되었다. 누군가 내 손일에 값을 치르기 시작했을 때, 나도 비로소 목수라는 이름을 받아들일 수 있었다. 귀농해서 내가 살 집을 직접 지어본 경험, 필요한 생활 가구들을 직접 만들어 본 경험이 있다. 이제는 누군가 부탁하면 값을 받고 물건을 만들고 집을 고친다. 그러니 나도 목수라 불릴 자격이 조금은 생긴 셈이다.

빌어먹을 팔자

나는 한 가지 일에 오래 붙들려 있는 사람이 못 된다. 어머니가 생전에 하시던 말씀이 있다.

"열 가지 재주 가진 놈이 끼니가 간데없다."

지금 생각하면, 이것저것 기웃거리는 내 모습이 어머니께는 얼마나 불안해 보였을까. 자식이 좀 안정되게 살기를 바라셨을 텐데, 끝내 그런 모습을 제대로 보여드리지 못했다. 목사 안수를 받고 얼마 지나지 않아 목회를 내려놓고 농사를 짓겠다며 귀농했을 때는, 어머니께 큰 실망을 안겨드리기도 했다.

다시 목회 현장으로 돌아온 뒤에도 귀농 생활 5년 동안 몸에 익힌 일들을 놓지 않았다. 농사, 목공, 염색, 바느질, 효소 담기 같은 일들은 이제 내 삶을 지탱하는 생활의 기술이 되었다. 그중에서도 내가 가장 좋아하는 것은 무언가를 만들어내는 일이다. 내 손으로 쓸모 있는 것을 만들어낼 때면 분명한 성취감이 있다. 노동은 정직해서, 애쓴 만큼 결과를 눈앞에 보여준다.

목회는 다르다. 목회는 애쓴 만큼 결과가 보이는 일이 아니다. 애를 써도 열매가 더딜 때가 많고, 때로는 애쓴 만큼 더 깊은 무력감만 남기도 한다. 목회가 밑 빠진 독에 물붓기처럼 느껴질 때가 있는 이유다. 어쩌면 나는 그 피로와 허무를, 무엇인가를 만드는 손노동으로 견뎌내고 있는지도 모른다.

교우들이 "목사님, 목사님" 하며 깍듯이 대해주실 때면 고맙고 마음이 따뜻해진다. 그러나 그 따뜻함 한편에는 늘 미안함도 따라온다. 내가 더 헌신하지 못하는 사람이라는 것을, 무엇보다 내가 가장 잘 알기 때문이다. 게다가 지금은 목사라는 이름이 자랑보다 부끄러움에 더 가까운 시대이기도 하다. 오늘의 교회는 시대의 소명을 감당하기는커녕, 세상의 염려와 지탄을 받는 일이 더 많아 보인다.

어릴 적에는 마을을 떠돌며 동냥하던 사람들을 가끔 볼 수 있었는데, 이제는 그런 모습을 좀처럼 보기 어렵다. '빌어먹을 놈' 이라는 말은 본래 밥을 얻어먹고 사는 처지를 낮잡아 이르는 욕이었을 것이다. 목회에 대한 회의가 밀려올 때면, 나는 문득 **'목사가 참 빌어먹을 팔자구나'** 하는 생각이 든다. 교우들의 정직한 노동에 기대어, 나는 내 손으로 벌지 않은 밥을 먹고 사는 것만 같기 때문이다. 게다가 내가 하는 일 가운데 하나는, 그 교우들의 삶 위에 복을 빌어주는 일이다. 그러니 '빌어먹을 팔자'라는 말이야말로 목사의 처지를 이토록 기막히게 비꼬는 표현도 드물다.

목회자가 교회를 섬긴다고 말해왔지만, 돌아보면 오히려 교회가 나를 먹여 살리고 품어주었다. 교회 덕분에 여기까지 살아왔고, 어린 자녀들도 이제 제 힘으로 서야 할 나이가 되었다. 그러니 나는 안다. 내가 교회를 붙들고 살아온 것 같았지만, 실은 교회가 나를 붙들어 여기까지 데려왔다는 것을.

나에게 맞는 일을 만나다

좋아하는 일을 하며 살고 싶은지, 잘하는 일을 하면서 살고 싶은지, 아니면 돈이 되는 일을 하고 싶은지, 하나만 택해야 한다면 몹시 아쉬운 일이 될 것이다. 이 문제를 젊은 시절에만 고민하는 것도 아니다. 나는 육십이 되어서도 여전히 무엇을 해야 할지 고민 중이다. 십자가 만들기는 내가 좋아하고 잘할 수 있으면서 돈도 되는 일이 될 수 있겠다는 생각이다. 목회를 중간에 그만두었을 때도, 목회를 하면서도 이런저런 일을 했다. 하지만 별 만족이 없었다. 늘 뭔가 부족한 느낌이었는데, 요즘 십자가를 만들면서 나에게 참 맞는 일을 만났다는 느낌이다. 오랜만에 내 안에 열심히 해보고 싶은 마음도 생겼다. 한동안 나에게 문제는 하고 싶은 것이 없다는 마음, 내가 진짜 원하는 것이 무엇인지 모르겠다는 무기력이었다. 욕망을 거세당한 느낌이었는데, 십자가를 만드는 일에서 의욕과 보람을 느낀다. 나에게 잘 맞는 일이라는 게 중요한 이유이겠지만, 내가 만든 십자가를 보며 격려와 응원을 해준 가족과 동료들의 힘도 컸다.

살면서 목표가 있고 열정을 가지고 있다는 것은 참 좋은 일이다. 무엇을 욕망하는 것을 부정적으로 여기는 정서가 신앙생활 가운데 있을 수 있다. 이기적인 욕구를 채우기 위해 다른 사람에게 피해를 주거나 자기 자신만을 위하는 것은 경계해야 하지만, 우리 안에 주어진 욕구 자체를 부정해서는 안 된다. 나는 어리석게도 내 안에서 일어나는 욕구들을 부정하고 외면한 일이 많았다. 신앙이 율법처럼 되어서 사사로운 욕구들을 부끄럽게 여기거나 그런 마음을 품은 자신을 정죄했다. 이제는 내 욕구를 잘 살피고 스스로를 돌보는 일이 얼마나 중요한지 안다. 그렇지 않고서는 누군가를 위한 선한 일을 감당할 수 없다. 공공선을 행하는 것마저 사실은 나 자신을 위한 욕구의 발현이자 충족인 것이다. 거룩할 수도 없는 사람이 거룩해 보이려고 했다. 성직자에 대한 기대와 시선을 지나치게 의식하며 살다 보니 정작 자신에게 솔직하지 못한 삶을 살았다. 신앙인들은 성자에 대한 오해와 환상을 가지고 있다. 성자가 보통 사람과 다른 면이 없지 않았겠지만, 여전히 한 인간이었다는 사실을 간과하기 쉽다. 우리는 예수를 오직 신앙의 대상으로만 생각할 때, 예수의 인간적인 면모를 놓치게 된다. 나는 이러한 점에서 나의 십자가 만들기에서 예수의 신성에 가려진 인성을 더 강조하고 표현하고 싶었다.

설교자로서 목사는 예수를 말로 설명하고 설득해야 합니다. 십자가를 만들면서 좋은 점은 말로 묘사하는 것 말고도 예수의 삶을 전달할 수 있는 통로가 하나 더 생긴 것이다. 또한 생계에도 도움이 된다. 무엇을 하고 지내는지 안부를 물으면 십자가를 만들고 있다고 답한다. 여기에는 당연히 십자가를 파는 일도 포함되니 수입이 발생한다. 무엇을 판다는 게 속되거나 부끄러운 일은 아니다. 이왕이면 많은 사람이 찾는 십자가가 되어서 경제적으로도 보탬이 되었으면 좋겠다. 그동안 주변 사람, 특히 가족에게 늘 경제적 도움을 받으며 살았다. 이제 가족의 염려를 덜고 가족 모임에서 밥을 살 수 있는 정도의 경제적 여유를 갖고 싶다.

우연히 만들게 된 '예수 생애 십자가'

십자가를 처음 만들기 시작한 정확한 시점은 기억나지 않는다. 그러나 내가 만든 십자가가 교회 강단에 걸리던 날은 지금도 특별한 기억으로 남아 있다. 선배가 목회하는 교회를 방문했을 때, 강단에는 피죽으로 만든 십자가가 걸려 있었다. 개척 당시 근처 제재소에서 얻어온 피죽으로 직접 만들었다는 그 십자가는 그 자체로는 충분히 의미 있어 보였다. 하지만 강단 전체의 분위기와는 조금 어울리지 않는다는 생각이 들었다. 나는 먼저, 선배가 교회를 개척하며 버려진 피죽으로 십자가를 만들었던 그 마음을 충분히 헤아리려 했다. 그리고 선배에게 조심스럽게 제안했다.

"지금 강단에 걸려 있는 십자가도 훌륭하지만, 그 정신을 담아 제가 다시 만들어 드리면, 그 십자가로 강단의 십자가를 대신할 수 있을까요?"

선배는 흔쾌히 승낙했고, 나는 곧바로 십자가를 만들어 그해 성탄절을 앞두고 찾아가 강단에 설치하고 돌아왔다. 그때가 2013년 성탄절이었다.

그 십자가는 철거한 한옥에서 나온 고재로 만들었다. 나무에 남아 있던 옹이와 상처에는 세월의 흔적이 고스란히 배어 있었고, 나무 자체도 반듯하지 않았다. 고재라는

재료는 그 자체로 내가 새로 만들어낼 수 없는 아우라를 지
니고 있었다. 그렇게 우연히 완성된 십자가를 바라보는데,
약간 기울어진 머리와 굽은 무릎을 지닌 주님의 모습이 그
위에 겹쳐 보였다. 그때 받은 영감 때문에, 이후 나는 반듯
한 직선형의 십자가보다는 곡선을 살린 십자가를 주로 만
들게 되었다. 그렇게 곡선을 살린 십자가를 만들다가, '예
수 생애 묵상 십자가' 시리즈 가운데 '제자도'라는 이름을
붙인 십자가를 처음 만들게 되었다. 그리고 그 이후에는 예
수님의 생애를 아예 십자가만으로 형상화해 보면 어떨까
하는 생각이 떠올랐다. 예수의 탄생에서부터 공생애, 죽으
심과 부활에 이르는 생애의 각 국면을 십자가로 형상화하
고, 거기에 말씀을 더해 함께 묵상할 수 있다면, 예수를 따
르고자 하는 그리스도인의 실천적 삶을 돕는 데에도 쓰일
수 있겠다는 생각이 들었다. 그런 뜻을 품고 시작했지만,
처음 몇 점을 만든 뒤에는 더 이상 아이디어가 떠오르지 않
아 한동안 작업이 지지부진하기도 했다. '제자도' 십자가
를 목정평 30주년 기념 십자가로 만들어 보낸 뒤 10년이 지
난 2024년, 목정평 40주년 기념일에 '예수 생애 십자가' 시

리즈 여덟 점이 전시되었다. 그렇게 해서 '예수 생애 십자가' 시리즈는 10년 만에 마침내 마무리되었다. 감사한 마음이 들었고, 무엇보다도 참 뿌듯했다.

우리 지역에서 여름철 농촌 목회자 대회를 연 적이 있다. 그때 르완다 십자가를 기념 선물로 나누었던 경험이 있는데, 가늘고 가냘픈 나뭇가지에서 느껴지던 그 질감이 무척 독특했다. 지금도 내 방 벽에는 그 르완다 십자가 하나가 걸려 있다. 그즈음에는 산에 다니면서도 나뭇가지 모양이 십자가를 닮은 것이 있으면 유난히 눈에 들어왔다. 그 가운데 몇 개는 자연스럽게 십자가 형상을 띠고 있어서, 그 나뭇가지를 그대로 살려 십자가를 만들어 보기도 했다. 그렇게 하나하나 손으로 만든 십자가는 틀에 박혀 찍어내듯 만든 십자가와는 분명히 다른 느낌을 준다. 나는 오래 전부터 장인의 손길이 느껴지는, 아름답고도 성스러운 느낌의 성물이 있었으면 좋겠다는 생각을 자주 해왔다. 이제는 성찬상과 헌금함, 말씀상 같은 것들도 직접 만들어 주문한 교회에 보내고 있다. 내가 속한 교단은 한국기독교장

로회이다. 기장 총회 100주년을 기념해 법궤를 제작하기도 했다. 물론 성경 속 법궤를 그대로 재현한 것은 아니고, 나름대로 현대적으로 해석한 법궤인데, 지금도 총회 건물에 전시되어 있다. 이렇게 손으로 무엇인가를 만들어내는 일에 내가 흥미를 느끼는 것은 어쩌면 보편적인 인간의 본능일 수도 있다. 그러나 내게는 그 뿌리가 좀 더 가까운 곳, 곧 부모에게 있는 듯하다. 아버지는 목수 일을 하셨고, 작은형도 지금 목수 일을 하고 있다. 그리고 무엇보다도 이런 감각은 5년간의 귀농 경험을 통해 더욱 단단해졌다. 나는 귀농을 준비하면서 목수 일을 배웠고, 귀농한 뒤에는 내가 살 집을 직접 지었다. 의식주를 자급하는 삶을 꿈꾸며, 가능한 한 많은 것을 내 손으로 직접 만들어 보려고 했다. 필요한 것을 모두 사서 쓸 수 있는 형편도 아니었기에, 핸드메이드 라이프는 멋스러울 뿐 아니라 가성비도 좋은 생활 방식이었다. 염색과 바느질도 배워서, 직접 옷을 만들어 입을 정도가 되었다.

지금은 교회의 양적 성장이 정체된 시대이다. 특히 농

촌 지역은 고령화와 인구 감소로 인해 교회의 형편이 몹시 어려워졌다. 사례비가 최저임금에도 미치지 못하는 경우가 허다하다. 이런 현실 속에서 교회의 목회자들은 목회 활동 외에도 경제적 대안을 마련하지 않을 수 없다. 주변을 돌아보면, 각자의 형편과 여건에 맞게 부업을 하는 목회자들이 점점 늘어나고 있다. 나 또한 효소를 담가 팔기도 했고, 목공 작업을 통해 소품을 만들어 판매해 오기도 했다. 교계에서는 오랫동안 목회에 전념해야 한다는 이유로 목회자의 이중직을 바람직하지 않게 여겨 왔다. 그러나 이제는 그것을 어느 정도 허용하는 분위기로 바뀌고 있다. 나 역시 지금은 목사이면서 동시에 목수로서 십자가를 만들어 팔고 있다.

"구유에 누우신 아기 예수는

가장 작은 시작 속에 담긴 가장 큰 희망이다.

우리는 애써 노력하지 않아도

은총이 스며드는 순간을 기다릴 수 있다."

1. 구유에 누우신 아기 예수
예수의 탄생

어린 날에도 좋은 날은 있지만,

어리면 어린 대로 감당해야 할 삶의 무게가 있다.

예수의 탄생 이야기는 참으로 드라마틱하다. 인류를 구원할 구세주가 태어났는데, 그 탄생의 자리가 외양간의 말구유라니 말이다. 강보에 싸여 구유에 뉘어 있는 아기 예수 이야기는 흙수저로 태어나는 사람들에게 적지 않은 위로를 준다. 누가복음은 그 이유를, 베들레헴에 호적하러 올라갔다가 해산할 날이 찼으나 여관에는 있을 곳을 찾지 못했기 때문이라고 전한다. 누가복음 2장 7절의 이 구절은, 목회지가 없던 시절 성탄 전야에 묵상했던 말씀으로 지금도 기억에 남아 있다. 목회를 하고 싶어도 임지가 없는 목사의 시간은 참으로 절박하고도 가엾다. 일자리가 없어 힘든 실업자의 고충과 다르지 않았겠지만, 그때의 내게는 내 신세가 더욱 서럽게만 느껴졌다.

탄생 십자가를 처음 구상할 때는 구유와 솟대를 상징물로 삼아 만들려고 했다. 지금은 솟대를 빼고, 구유 모양의 받침대 위에 아기 예수를 상징하는 십자가를 세워 놓은 형태가 되었다. 그러나 아기 예수의 탄생이 인류에게 희망의 소식이었던 것처럼, 솟대 역시 우리 민족 문화 안에서 희망과 기다림을 상징하는 물건이기에, 언젠가는 솟대를 형상화한 십자가로 탄생 십자가를 다시 만들어 보고 싶다. 아마도 야외에 설치하는 '예수 생애 십자가' 시리즈에는 솟대를 사용한 형태가 더 잘 어울릴 것 같다.

해마다 성탄절이 다가오면 마음이 따뜻해지고 희망을 품게 되는 일은 비단 그리스도인들에게만 일어나는 일은 아닌 듯하다. 세밑의 분위기와 더불어 사람들은 지나온 한 해를 돌아보고 새해를 그려보는 시기에 접어드는데, 이

때 우리 안에 일어나는 주요한 감정은 가족이나 가까운 이들에 대한 감사와 축복의 마음이다. 구유에 누우신 아기 예수는 모든 시작이 지닌 작고 미미함과, 그 안에 담긴 인류의 희망이라는 원대한 의미를 동시에 극적으로 보여 준다. 삶은 늘 제자리인 것 같아도, 더 나은 내일을 소망하기에는 참 좋은 순간이다. 좋은 날을 맞으려면 고군분투해야 한다는 것이 세상의 법칙처럼 여겨지지만, 이 시기만큼은 다가올 좋은 날을 수동적으로 기다려도 괜찮다. 동쪽 하늘을 바라보며 좋은 소식을 기다리는 솟대처럼 말이다. 분주하게 손발을 움직이던 일을 잠시 멈추고, 하늘을 바라보며 기다리는 시간도 필요하다. "스스로 노력하지 않는 자는 하늘도 돕지 않는다"는 말로 굳이 자신에게 찬물을 끼얹을 필요는 없다. 우리는 우리를 다그치는 말로 스스로를 내몰곤 하지만, 분주한 노력의 바깥, 여백 같은 시간 속에서 찾아드는 은총이 때로는 필요하다. 우리는 살면서, 애써 노력하지 않아도 평화가 깃드는 순간을 이따금 경험한다. 오히려 어떤 노력을 더 기울여서가 아니라, 무엇인가 해야 한다는 강박에서 벗어나 내려놓을 때 더 편안해지기도 한다.

구유에 누인 아기 예수를 둥글둥글한 모습으로 형상화하면서, 나는 예수의 어린 시절도 함께 상상해 보았다. 갈릴리 마을 어귀를 동무들과 뛰어다니던 천진난만한 어린아이 예수를 떠올려 보면, 그가 어린 시절부터 인생의 의미나 자신의 소명에 대해 깊이 고뇌하지는 않았을 것이다. 다른 아이들과 마찬가지로 부모의 보살핌과 따뜻한 사랑 속에서 자라났을 것이고, 장성해 가면서 비로소 삶에 대한 질문이 생기고, 로마의 지배 아래 어렵게 살아가는 유대인의 현실을 깨닫게 되었을 것이다. 우리가 간과하기 쉬운 것은, 예수가 이 땅에 사람의 아들로 태어났고, 그에게도 분명 어린 시절이 있었다는 사실이다. 우리는 참사람 예수 안에 깃든 신성을 보아야 한다. 그래야 우리 안에 깃든 신성 또한 발견할 수 있다. 이것이 우리가 신에게 다가갈 수 있는 길의 시작이기도 하다. 그런데 예수를 유일한 하나님의 아들이요, 인간의 연약함이라고는 찾아볼 수 없는 신으로만 여긴다면, 예수와 우리 사이의 간극은 좁혀질 수 없고, 우리가 예수의 뒤를 따른다는 말도 공허해지고 만다. 예수가 태어난 곳이 마구간이었다는 이야기를 우리가 좋아하는 이유도 결국 예수를 좀 더 친숙하고 편안하게 느끼게 해 주기 때문일 것이다. 예수는 당시 지배층 가문에서 태어나 엘리트 교육을 받은 이가 아니라, 평범한 유대 가정에서 목수의 아들로 태어났다.

지금 우리는 극심한 빈부격차 속에서 상대적 박탈감이 큰 시대를 살고 있다. 금수저니 흙수저니 하는 말도 결국 사회적 지위가 출생에서 결정되고 만다는 현실을 고발하는 말일 것이다. 내가 아무리 부정한다 해도, 나의 삶의 자리를 거부할 수는 없다. 예수는 태어나 구유에 뉘어졌고, 아버지는 육체노동으로 생계를 이어가는 목수였다. 그는 그런 평범한 가정에서 자랐다. 그의 주위에는 어부의 아들, 농민의 아들들이 있었을 것이고, 그는 그 친구들과 어울려 놀았을 것이다. 이렇게 평범하게 자라던 예수가 하나님의 아들이 된 순간은 언제였을까. 예수의 생애에서 그런 때를 굳이 찾는다면, 요한에게 세례를 받던 때를 떠올릴 수 있다. 복음서의 기록에 따르면, 그때 하늘이 열리며 "이는 내 사랑하는 아들"이라는 음성이 들렸다고 한다. 물론 예수는 처음부터 하나님의 아들이었고, 하나님의 아들로 살았다. 그러나 스스로 하나님의 아들임을 자각하는 때라는 것은 분명 있었을 것이다. 기독교에서 하나님의 아들은 우리 안에 깃든 신성의 한 표현이기도 하다. 우리 역시 하나님의 자녀로 이 땅에 태어났고, 하나님의 자녀로 살아간다. 왕후장사 씨가 따로 있느냐는 말이 있다. 유전자의 놀라운 기능을 부정할 수는 없지만, 사회적 신분을 결정하는 씨가 따로 있는 것은 아니다. '씨'가 다르다는 생각은 소수 지배층이 만들어 낸 이데올로기에 지나지 않는다. 모든 이에게는 '하나님의 씨'가 있다. 믿음은 이 씨앗의 발아를 돕는다. 믿음은 내가 '하나님의 자녀'임을 깨닫게 하고, '하나님의 자녀'로 살아가도록 우리를 충동한다. 그러나 '예수를 믿어 구원에 이른다'는 말은 기독교인에게는 유효한 신앙 고백일 수 있으나, 타 종교인이나 종교가 없는 사람에게까지 그대로 적용할 수 있는 말은 아니다. 기독교인이 구원의 문제를 놓고 신앙 안에서 씨름하는 모습은 아름답기까지 하다. 그러나 그것을 기독교 밖의 모든 사람에게까지 적용하려 든다면, 그 모습은 오히려 볼상사나워지고 만다. 나는 기독교인이든 아니든, 모든 사람이 자기 삶의 문제를 놓고 고민하며 좀 더 나은 삶, 좀 더 의미 있는 삶을 살아가려고 애쓰고 있다고 생각한다. 표현만 다를 뿐, 모두가 진리를 구하며 각자의 방식으로 구원에 이르고자 한다.

사람들은 너무도 쉽게 외모와 지위와 재산으로 상대의 가치를 판단하고 손익계산에 들어간다. 상대가 이용할 가치가 있는 사람인지, 정중하게 대해야 할 사람인지, 굳이 조심하지 않아도 될 사람인지를 재빨리 가늠해 버린다. 우리 아이들이 초등학교에 다닐 때, 시골의 작은 학교였는데 교장 선생님이 내게 교인 수가 몇이나 되는지 물은 적이 있다. 당황스럽고 유쾌하지 않았다. 나는 "여기 초등학교 학생 수만큼 됩니다"라고 답했다. 교장의 얼굴이 붉어졌다. 교회 규모가 궁금할 수는 있겠지만, 처음 만난 자리에서 묻기에는 꽤 조심스러운 질문이 아닌가. 한 번은 도시에 있는 큰 교회로 부임한 동기가 어깨에 힘이 잔뜩 들어간 채 거만하게 굴던 모습을 보고 정이 뚝 떨어진 적도 있다. 한 사람의 고유한 가치는 그의 사회적 지위나 소유한 부로 판단될 수 있는 것이 아니다. 사람은 누구나 하나님의 씨를 지닌 생명의 고귀함으로 인해 존중받아 마땅하다.

예수의 탄생과 어린 시절을 상상하다 보니, 자연스레 나의 어린 시절도 함께 떠올리게 되었다. 나는 태어나자마자, 갓난아기 때 등에 큰 화상을 입었다. 겨울에 태어났는데, 아버지가 구들방에 불을 너무 많이 지피신 것이다. 강보에 싸여 아랫목에 누워 있던 갓난아기의 여린 살갗은 그 열기를 견디지 못했고, 그만 익어 버리고 말았다. 자지러지게 울기만 하는 아기를 들춰 보고서야 부모님은 깜짝 놀라, 한밤중에 동네 의원의 의사를 급히 불러 치료했다고 한다. 아버지와 어머니는 모두 재혼이셨다. 두 분이 만나실 때 아버지에게는 2남 2녀가 있었고, 어머니에게는 딸 셋이 있었다. 두 분 사이에서는 누나와 나, 이렇게 둘이 태어났다. 아들이 없던 어머니에게 나는 무척 반가운 아들이었을 것이다. 아버지 또한 두 분 사이에서 태어난 아들이 얼마나 기뻤겠는가. 다만 그 환영이 너무 뜨거웠을 뿐이다. 당시에 얼마나 아팠는지, 그 통증이 기억에 남아 있는 것은 아니다. 그러나 이제 와 생각해 보면, 그 극심했을 고통은 무의식 속에 고스란히 저장되었을 것이다. 그래서인지 나는 어린 시절 유독 겁이 많은 아이였다. 성인이 된 지금도 내가 느끼는 두려움이나 불안의 원인 가운데에는, 분명 어렸을 때 겪은 화상의 고통이 작용하고 있다고 믿는다. 그래서인지 나는 다른 사람들보다 신체적 고통이나 죽음에 대한 공포를 더 크게 느끼는 편이라고 생각한다. 등에 남은 화상 자국은 사춘기 시절 내 몸에 대한 콤플렉스가 되었다. 그 자국은 평소에는 감출 수 있었다. 그러나 맨몸을 보여야 하는 상황에서는 큰 수치심을 느꼈다. 목욕탕에 처음 간 날은 잊을 수 없다. 내게는 큰 용기를 내야 했던 날이다. 남녀공학이던 중학교 시절에는 신체검사 날이 가장 싫었다. 그때는 남학생이 상의를 벗은 채 검사를 받았다. 나는 내 등에 있는 흉터를 보이지 않으려고 무진 애를 썼고, 어니론가 도망쳐 숨고 싶을 만큼 끔찍했다. 지금이야 별문제가 아니지만, 당시에는 그 화상 자국이 내가 내 등에 짊어진 십자가였다.

초등학교 시절에는 신장염으로도 꽤 오랜 시간 고생했다. 초기에는 몸이 퉁퉁 붓고 고열에 시달리며, 힘겹게 밤을 보내던 기억이 난다. 그 무렵 어머니가 모심으러 들에 나가셨던 것으로 보아, 내 병은 봄부터 시작된 듯하다. 병원 치료를 받고 예후를 보러 한 번씩 병원에 가던 때가 김장철이 지난 뒤였으니, 여름과 가을을 고스란히 넘긴 셈이다. 회복기에 김장철을 또렷이 기억하는 이유가 있다. 약은 계속 먹고 있었지만 많이 좋아진 상태여서, 하루에 간장 반 술 정도의 염분 섭취가 허락되었다. 그전에는 미음과 죽을 먹으면서도 간장 한 방울 넣지 못했다. 어찌나 김치가 먹고 싶었던지, 어느 날 김치 한 가닥을 몰래 먹었는데 병원에 가면 의사가 "너 김치 먹었지?" 하고 꼭 물을 것만 같았다. 의사가 좋아지고 있다는 말을 했을 때, 콩닥거리던 가슴이 그제야 겨우 진정되었다. 병원에서 돌아오는 길에 나는 어머니께 김치를 먹은 사실을 솔직히 고백했다. 아팠을 때는 가을 소풍 날도, 운동회 날도 모두 학교에 가지 못하고 방에 누워 있었다. 소풍 날 아침, 누나가 학교에 가기 전에 누워 있던 나를 보고 울먹이던 장면이 아직도 기억에 남아 있다. 이후 다시 학교에 다니면서도, 운동회 연습이나 운동회 날 달리기 같은 일에서는 늘 열외가 되었다. 어머니는 무리하면 안 된다는 의사의 말을 지나칠 만큼 곧이곧대로 받아들이셨고, 나는 또 어머니의 말씀에 순종했다. 그 일로 병이 다 나은 뒤에도 한동안 움츠러든 생활을 했다. 그때가 초등학교 4학년 무렵이었는데, 중학교에 들어가서야 비로소 운동을 하기 시작했다. 한창 마음껏 뛰놀아야 할 때 놀지 못해서인지, 나는 지금 어른이 되어서도 활동적인 놀이를 좋아한다. 어린 시절의 화상과 병치레가 긍정적으로 작용한 점도 있다. 몸을 돌보고 건강을 지키는 일에 지금도 꾸준히 관심과 노력을 기울이는 습관이 생겼는데, 이것은 아파 본 경험이 남긴 긍정적인 결과일 것이다. 지나고 보니, 어리다고 해서 마냥 좋은 것만은 아니었다. 어린 날에도 좋은 날은 있지만, 어리면 어린 대로 감당해야 할 삶의 무게가 있다. 그리고 어린 시절에 형성된 기질과 성격은 한 사람의 평생을 따라다닐 마음의 태도에 결정적인 영향을 미친다. 어린 시절에 짊어져야 했던 삶의 무게가 지금도 마음속 커다란 짐이 되어, 현재의 삶을 마음껏 살아내는 일을 방해하고 있지는 않은지 돌아볼 필요가 있다. 유쾌하지 못한 기억일수록 오히려 더 불러내어, 그 안에 묻어 있는 감정의 찌꺼기들을 털어낼 필요가 있다. 태어나 구유에 누우신 아기 예수 앞에서라면, 우리 어린 시절의 우울하고 아픈 기억들까지도 조금은 더 편안하게 떠올리며 정화할 수 있지 않을까.

"광야의 시간은 몸과 마음에서 힘을 빼고,

집착을 내려놓는 시간이다.

비워진 자리에서 우리는

더 자유롭게 선택하고 결단할 수 있다."

2. 광야로 나간 예수
광야 시험과 공생애 준비기

나는 단식이 몸과 마음에서 힘을 빼는

탁월한 방법이라고 믿는다.

예수께서는 광야에서 40일을 금식하며 공생애를 준비하셨다. 몸을 정화하는 건강 단식도 대개 10일을 넘기지 않는다. 그러니 40일을 금식한다는 것은 말 그대로 목숨을 건 결단이다. 주님께서 광야에서 사십 일을 주리셨을 때의 모습을 상상하다 보면, 석가모니가 깨달음을 얻기 위해 굶주리며 수행했던 모습을 형상화한 '고행석가상'이 떠오르곤 한다. 내가 십자가를 만드는 데 석가의 고행상이 하나의 힌트가 되었다는 사실이 혹시 불편하게 들릴 수도 있겠다. 그래서 십자가와 부처상이 만났던 일본 에도시대의 이야기를 하나 소개하고 싶다. 그리스도인들이 박해를 피해 십자가를 간직한 방법 가운데 하나는, 다름 아니라 십자가에 부처상을 달아 놓는 것이었다고 한다. 그들의 눈에는 십자가와 주님만 보였기 때문에, 십자가에 달린 부처상이 핍박받던 그들에게 걸림돌이 되지 않았을 것이다. 오랫동안 불교 문화 속에서 살아온 이들이었으니, 그들에게 부처가 아주 이질적으로 느껴지지도 않았을 것이다.

언젠가 불교 사찰 안에 있는 불상이 훼손된 일이 보도된 적이 있는데, 몰지각한 극성 기독교인의 소행으로 추정되었다. 이런 사람들을 과연 기독교인이라 할 수 있을지 의심스럽다. 그리스도인으로서 참으로 부끄러운 일이다. 자신의 믿음을 증명하는 수단으로 행해지는 그 어떤 폭력적인 행위도 종교의 진리에 어긋난다. 참으로 어리석은 일이다.

전남 장성에는 환자들의 요양과 치료를 돕는 일을 주로 하는 아쉬람이 있는데, 나는 그곳에서 한옥 짓는 일을 한 적이 있다. 그곳 아쉬람 원장과 함께 단풍 산행을 마치고 장성의 백양사에 들른 적도 있다. 대웅전 앞에서는 일행 가운데 공손히 합장 인사를 올리는 이들도 있었다. 그때 원장이 내게 말했다.

"옆집에 가면 이웃 어른께 인사하는 게 예의 아니냐."

일행 대부분이 대웅전 앞에서 합장하며 예의를 표하고 있었는데, 나만 멀뚱히 서 있는 모습이 마음에 걸렸던 모양이다. 나는 그 말이 참 타당하다고 생각했다. 우리가 이웃 종교를 존중하는 것은 성숙한 그리스도인의 모습이다. 그곳에는 대부분 건강을 돌보기 위해 온 분들이 머물고 있었으므로, 하루 일과는 조깅으로 시작되었고 식단도 채소 중심의 건강식이었다. 수녀님 한 분도 건강을 돌보기 위해 오셨는데, 그분 역시 아침 조깅 멤버였다. 가끔 녹즙도 제공되었는데, 그곳에서 일하던 목수들 역시 예외가 아니었다. 원장의 말로는, 집을 지어 주러 온 목수들이지만 답례로 자신이 할 수 있는 일은 건강에 도움이 되는 것을 제공하는 것뿐이라는 것이었다. 돈 받고 일하러 온 사람들에게는 일당이나 주면 그만일 텐데, 아쉬람에 머물던 모두에게 자신이 가진 것을 아낌없이 나누어 주던 원장의 마음이 지금도 고맙게 기억에 남는다. 그가 특별한 종교를 가지고 있는 것 같지는 않았다. 인도에 가서 공부하고 왔다고 했는데, 그곳에서 경험하고 배운 것을 국내에서도 아쉬람을 열어 사람들과 나누고 있었다. 몸 수련을 중심으로 하되, 호흡과 함께 명상도 병행했다. 한 번은 우리 목수들도 초대되어 함께 명상을 한 적이 있다. 원장이 두드리는 북소리에 맞춰 빙빙 도는 춤을 추다가, 이내 누워서 명상을 했는데, 나중에 알고 보니 그것이 수피 춤이었다.

불교에서 말하는 자비와 기독교의 사랑은 본질적으로 다르지 않다고 나는 생각한다. 서로를 존중하고 서로에게 배울 수 있다면 얼마나 좋겠는가. 나는 해마다 11월 11일이면 사단법인 한몸평화가 주도하는 행사에 참석한다. 오대 종단이 서로 대화하고 화합하는 모습은 참으로 아름답다.

2024년 '하나의 날'에는 각 종단이 저마다의 고유한 예식과 언어로 평화를 위한 기도를 올렸다. 불교, 천주교, 원불교, 천도교, 기독교가 한자리에 모여 함께 식사를 하고 대화를 나누는 자리가 마련되었는데, 그 모습은 내게 가슴 뭉클한 감동을 주었다.

나 역시 선택을 앞두고 결단을 내려야 할 때나, 한 해를 마무리하고 새롭게 시작할 때면 단식을 하는 경우가 많았다. 어릴 적 병약했던 경험은 자연스럽게 자연치유에 대한 관심으로 이어졌고, 나는 몸을 정화하는 건강 단식에 대해 공부하고 또 실천해 왔다. 해마다 한 번쯤은 단식을 하려고 한다. 그동안 나는 단식을 통해 많은 변화를 체험했다. 마음도 가벼워지지만, 몸에도 분명 큰 변화가 일어난다. 처음 단식을 하고 나서는 신기하게도 고질적이던 비염이 사라졌다. 일상의 삶에서 먹는 일을 빼고 나니, 단식하는 동안에는 시간의 여유가 정말 많아진다. 나는 단식하면서 여유롭게 산책을 많이 했다. 겉으로 보면 몸무게가 줄고 몸의 힘이 빠진다. 그래서 '가벼워진다'는 말이 참 잘 어울린다.

마음의 힘도 함께 빠지는데, 그것은 곧 집착이 줄어든다는 뜻이기도 하다. 먹는 일이 삶에서 얼마나 큰 비중을 차지하는지, 먹는 일을 멈추고 나면 그렇게까지 힘쓰고 애써야 할 일이 많지 않은 것처럼 느껴진다. 몸과 마음이 맑아진 상태에서, 무엇보다 집착에서 벗어나 생각하고 결정을 내릴 수 있다는 것은 단식의 큰 장점이다. 나는 단식이 몸과 마음에서 힘을 빼는 탁월한 방법이라고 믿는다. 모든 운동의 기초는 체력을 기르는 데 있지만, 실제 경기에서는 오히려 몸에 힘을 빼는 기술이 필요하다. 마음공부도 우리 마음에 켜켜이 쌓여 있던 짐들을 내려놓는 과정이라는 점에서, 어찌 보면 운동에서 힘을 빼는 기술과 닮아 있다. 그런 의미에서 일차적으로 먹는 것을 끊는 단식은, 몸뿐 아니라 마음의 정화를 이루는 영성 수련에 최적의 상황을 제공할 수 있다고 본다.

결단과 선택을 떠올리며 내 삶의 큰 변화를 겪은 때가 언제였을까 생각해 보니, 목사 안수를 받고 나서 투신의 방향을 놓고 고민하던 시기가 떠오른다. 대안교육을 중심으로 하는 공동체, 생태적 삶을 추구하는 공동체 등 여러 곳을 방문하고 체험하는 시간을 거쳐, 결국 우리 가정은 귀농을 결정했다. 목회지가 아닌 농촌에서 보낸 5년은, 소박하지만 분명한 나의 진리 실험 이야기이다. 귀농운동 전국본부가 발족한 지 얼마 지나지 않았던 때였고, 우리 사회에 귀농 바람이 막 불기 시작하던 초창기였다. 귀농하게 된 배경에는, 주류 사회의 경쟁 시스템에 쉽게 적응하지 못했던 나의 취약함도 있었지만, 문명 전환기의 산업문명에 대한 비판과 대안문명에 대한 담론에 기대어 이상적인 삶을 살아 보고자 했던 도전 정신도 있었다. 나는 농촌에서 식의주를 스스로 해결하며 자급자족적인 삶을 살아 보고 싶었다. 2001년, 아내가 둘째를 임신한 상태에서 우리는 경남 함양으로 귀농했다. 5년 만에 귀농 생활을 접고 나왔으니 실패라고 말할 수도 있겠지만, 귀농 생활이 내 삶에 남긴 경험치를 생각하면 그것을 실패라고만 말할 수는 없다. 삶의 여정에서 우리가 만나는 무수한 경험들을 성공과 실패 둘로만 나누어 평가할 수는 없다. 실험이 성공에 이르기까지는 무수한 실패를 겪어야 한다. 인생도 어쩌면 무수한 실패의 경험들이 모여 비로소 완성되는 이야기인지도 모른다. 그래서 나의 귀농 이야기는 실수한 이야기들로 가득하다.

농촌 출신이면서도 정작 농사일 경험이 전혀 없었던 나는 농사일에 그저 서툴기만 했다. 들깨 모종을 옮겨 심고 있는데, 지나가던 동네 어르신이 밭으로 들어와 그렇게 심는 것이 아니라며 가르쳐 주고 가신 적이 있다. 오죽 답답하셨으면 그러셨을까. 땅에 엉덩이만 닿아도 뿌리를 내리고 살아남는다는 들깨를, 나는 하나하나 흙을 파서 깊이 묻고는 다독거리며 심고 있었다. 마당에 파 모종을 옮겨 심을 때는 식사 전에 밖으로 나갔는데, 밥 먹으러 들어오지 않자 아내가 나와 보고는 기가 막혀 웃었다. 나는 작은 파 모종 하나하나를 마치 고추를 세워 심듯 정성껏 심고 있었던 것이다. 나중에 알고 보니 파 모종은 길게 고랑을 내고 둔덕에 모종을 눕혀 흙을 덮어 주면 그만인데, 나는 나무를 심듯 하나씩 구덩이를 파서 심고 있었으니 보는 사람이 답답할 만도 했다. 모르면 물어보고 배워야 하는데, 나는 이처럼 실패를 통해서야 배웠다. 그 당시에는 지금처럼 친절한 유튜브 같은 것도 없었으니까. 한 번은 장모님께서 밭에 열무 씨를 뿌리고 가셨는데, 나는 그것도 모르고 잡초가 올라오는 줄 알고 호미로 싹 긁어낸 적도 있다. 이런 엉터리 농사꾼이 또 어디 있었겠는가. 양가 어른들은 우리 부부의 그런 모습을 보며 걱정하셨다. 나는 어른들께 걱정하지 마시라고, 3년이면 보란 듯이 자립할 수 있을 것이라고 말씀드렸다. 그러나 농촌에서 경제적 자립을 이룬다는 것이 얼마나 어려운 일인지 나는 해마다 절감하게 되었다. 빌린 땅이 사질토라서 감자가 잘된다고 했다. 첫해에 감자 농사를 지었는데, 종자값과 거름값, 박스값을 빼고 나니 손에 남는 것이 없었다. 지인들을 통해 무농약 감자임을 자랑하며 제값을 받고 팔았어도 수입은 형편없었다. 최소한의 인건비라도 나와야 해볼 만한데, 농삿일은 그렇지 못했다. 물론 처음 귀농할 때부터 농사에 자신이 없었기 때문에, 먹을 것은 자급하되 필요한 현금은 천연염색으로 만들어 볼 계획이었다. 염색 일은 계획대로 제법 잘되었다. 돈을 조금 빌려 원단도 구입하고 염색도 잔뜩 해두었는데, 문제는 그것이 팔리지 않는다는 것이었다. 알음알음으로 소량씩 팔러 나가기도 하고 물물교환에 쓰이기도 했지만, 첫해에만 감물염색 천이 1,500마가 넘게 쌓였고 그것이 고스란히 창고에 남았다. 황토염과 그 밖의 염색천까지 하면 2,000마가 넘게 있었다. 어떻게 해야 하나 궁리하다가 결국 바느질까지 하게 되었다. 황토염 천으로는 주로 침구류를 만들었고, 감물염색 천으로는 가방이나 베갯잇 같은 소품을 만들었다. 하지만 이것도 판로를 만들어 내기가 쉽지 않아서, 결국 부족한 돈은 목수 현장에 나가 한두 달 일하며 벌어야 했다. 지역에서는 양파 농사를 많이 지었는데, 양파가 나오는 철이면 밭에서 야적장까지 트럭으로 양파망을 나르는 일도 했다.

시골에 살며 누린 기쁨과 행복한 순간들도 참 많았다. 이른 아침 밭에 나가 맨발로 흙을 밟고 있으면, 마치 구름 위를 노니는 신선이라도 된 듯한 기분이 들곤 했다. 마을 옆으로는 경호강 줄기가 흘렀다. 강줄기의 낮은 여울에 들어가 꺽지 낚시라도 할 때면, 내가 동경하던 희랍인 조르바가 된 것만 같았다. 내일 당장 꼭 해야 할 일이 정해져 있지 않아 스트레스가 없는 날들도 많았다. 사랑하는 어린 딸들이 호기심 어린 눈으로 나무와 하늘과 새를 바라보며 손짓할 때면, 그 아이들과 함께 산책하는 시간이 너무나 행복했다. 바느질 교실에서 바지저고리와 조끼를 직접 지어 입고 나오던 날에는 뿌듯함이 가득했다. 특히 내가 직접 염색한 감물천으로 옷을 지어 입을 때면, 자급의 기쁨과 함께 나라는 사람이 쓸모 있는 존재라는 효능감을 크게 느꼈다. 그러나 돈이 들어오는 구멍은 좀처럼 없어서 늘 부족했다. 그 부족을 채워 준 가족들에게 나는 늘 미안하고도 고마운 마음으로 산다. 사람은 결코 혼자 사는 존재가 아니다. 나를 지원하고 응원해 준 사람들이 없었다면, 5년은커녕 훨씬 더 빨리 항복하고 나왔을 것이다. 마을 전체가 잠기는 수해가 났을 때 복구를 도우러 찾아와 준 가족과 친구들, 시장보다 더 비싼 값에 농산물을 사 준 사람들, 수해 뒤 이주해 집을 지을 때 보수도 없이 일손을 보태 준 친구들……. 나는 참으로 갚아야 할 빚이 많은 사람이다.

5년 차 귀농 생활을 마치고 돌아온 지금의 내게도, 그 시절의 경험을 귀농 정착 실패라고 단순하게 말하기는 어렵다. 그때 얻은 경험과 익힌 생활 기술이 오늘의 내 삶을 풍요롭게 하고 있기 때문이다. 나는 전주YMCA의 위탁 대안학교인 '괜찮은 학교'에서 2년 동안 생활기술 과목을 맡아 학생들을 만났다. 지금도 비록 작은 텃밭이지만 여름 채소 정도는 자급하고 있고, 웬만한 것들은 스스로 만들어 쓰거나 고쳐 쓰는 일에 이제는 제법 도가 텄다. 주변에서 집 고칠 일이 생기면 도움을 요청받기도 한다. 요즘 같은 가을에는 가난한 친정보다 산에 가는 게 낫다는 말도 있는데, 가을이면 밤을 주우러 다니고 봄이면 벗들을 초대해 나물 산행을 안내하기도 한다. 동네에 산나물을 잘 아는 분이 계셔서 몇 차례 따라다니며 산나물을 배울 수 있었던 것 역시 귀농이 준 선물이었다. 처음에는 눈에 들어오지 않던 나물도, 한 번 가르침을 받고 직접 채취해 보면 신기하게도 그 다음부터는 수풀 속에서도 그 나물이 눈에 들어오기 시작한다. 아는 만큼 보인다는 말처럼, 어리숙한 내 삶도 실패를 겪으며 조금씩 성숙해지고 풍요로워진다고 나는 믿는다.

최근에는 '광야의 예수' 십자가를 선물한 적이 있다. 그분은 특별한 종교를 가지고 있지는 않았지만, 오랫동안 명상 수련을 해 오신 분이다. 정서적으로는 불교에 더 가까운 분이겠지만, 내가 그분께 십자가를 선물한 이유는 '광야의 예수' 십자가가 자리에 앉아 깊은 명상에 잠긴 예수님을 연상시키기 때문이다. 내 십자가는 십자가의 형상과 예수의 형상이 겹쳐 있는데, 광야에 머무르며 공생애를 준비하던 예수를 앉아 있는 모습으로 형상화했다. 겟세마네 동산에서 밤새 간절히 기도하는 예수의 모습은 무릎을 꿇은 자세에 가깝다. 반면 '광야의 예수' 상은 좀 더 장기전으로 기도하고 수행하는 예수의 모습을 표현하고 싶었다. 그분은 '광야의 예수' 십자가에 대한 설명을 듣고는 무척 기뻐하며, 그것을 귀한 선물로 받아 주셨다.

3. 제자도
제자들을 불러 모아 훈련하심

어쩌면 나는

예수의 십자가 이야기를 하는 것이 아니라,

내 십자가 이야기를 하고 있는지도 모른다

복음서의 기록에 따르면, 예수께서 공생애를 시작하시며 가장 먼저 하신 일은 제자들을 불러 모으는 일이었다. 주님과 함께 하나님 나라 운동을 하며 훈련받은 제자들은 단지 제자에 머물지 않고 마침내 예수의 동지가 되었다. 오늘을 사는 우리 역시 예수의 제자임을 자처하지만, 여전히 교육생이요 훈련생으로만 머물러 있는 것은 아닌지 성찰해 볼 필요가 있다. 믿음의 대상으로서의 예수만이 아니라, 따름의 모범으로서의 예수를 바라보는 신앙의 성숙이 필요하다. 그래서 제자도의 십자가는 그리스도인의 실천적 삶을 담아내고자, 역동적인 선을 사용해 예수의 길을 따라가는 모습으로 형상화했다. 예수께서도 예수의 길을 그렇게 걸어가셨고, 우리 또한 제 십자가를 지고 우리의 길을 걸어가야 한다.

십자가에는 주님뿐 아니라, 그 뒤를 따르는 우리도 함께 있다. 주님께서도 "누구든지 나를 따라오려거든 자기를 부인하고 자기 십자가를 지고 나를 따르라"고 말씀하셨다. 십자가는 예수만의 십자가가 아니다. 우리 모두에게는 각자의 십자가가 있다. 예수께서 고난의 십자가를 대신 짊어지심으로 우리가 그 짐을 더는 지지 않아도 된다고 여기는 착각은, 기독교 신앙을 왜곡한 결과이다. 그것은 마땅히 내가 감당해야 할 일을 신께 미루어도 된다는 식의, 종교가 줄 수 있는 저급한 유혹이다. 고통 없이 복락만 누리고 싶어 하는 인간의 심리는 미신적인 기복신앙으로 쉽게 기운다. 인생은 복과 화를 함께 경험하게 되어 있다. 사랑은 고통스러운 인내를 통해 더 깊어지고, 우리가 누리는 기쁨의 눈물은 아픔과 슬픔의 경험 없이는 제 빛을 발하기 어렵다. 우리 삶에는 빛과 어둠이 함께 있다는 것이 종교의 가르침이며, 그것을 받아들이도록 돕는 것이 진정한 종교의 역할이다. 십자가 같은 고난의 길은 걸을 필요 없이 꽃길만 걷게 해주겠다는 말은, 결국 제 배만 불리려는 사이비 직업 종교인의 사기에 지나지 않는다.

내 십자가는 무엇일까. 내 소명이 곧 내 십자가일까. 그렇다면 내 소명은 무엇일까. 이렇게 스스로 묻는 일이 내 십자가의 의미에 가까이 가는 한 방식일 것이다. 그러나 나는 십자가의 의미를 조금 더 일상으로 확장해 보고 싶다. 십자가는 내가 짊어진 삶의 무게 전체를 포함한다. 그 안에는 내가 느끼는 감정도 있고, 살면서 겪는 시련과 고통도 있으며, 결국 내 인생 전부가 들어 있다고 볼 수 있다. 나는 십자가를 인류를 구원하기 위해 지신 대속적 죽음의 상징으로만이 아니라, 예수의 삶 전체를 상징하는 의미로 받아들이고 싶다. 내가 만든 예수의 생애 십자가로 설명한다면, 십자가에 달려 죽음을 맞는 순간을 표현한 '엘리 엘리 라마 사박다니' 만이 십자가의 전형은 아니다. 로마의 통치 아래에서 사형 집행의 형틀이었던 십자가는, 기독교인들에게 예수의 죽음이 내포한 다양한 의미를 통합하는 상징이 되었다. 십자가는 죽음이면서 부활이고, 고난이면서 사랑이라는 역설적 의미를 품은 상징이다. 그리고 이러한 십자가의 의미는 예수의 전 생애에 걸쳐 드러난다. 예수가 태어나 구유에 뉘어 있던 순간도, 광야로 나아간 결단의 순간도, 제자들과 함께 백성들을 돌보고 복음을 전하던 때도, 겟세마네 동산에서 기도하던 순간도, 모두 예수의 십자가 삶이다. 나는 예수의 생애를 십자가를 통해 이야기하고 싶었다. 그리고 그 과정은 곧 나의 십자가 이야기, 곧 내 삶의 이야기와 함께 진행된다. 나는 십자가의 의미에 대한 정답을 말하려는 것이 아니다. 다만 예수의 삶의 여정 하나하나를 십자가로 형상화하는 작업을 통해, 그 순간의 의미를 나름대로 포착하여 십자가의 형태 안에 담고 싶었다. 그리고 예수 생애의 한순간에 대한 나의 이해는 결국 내 삶의 경험이라는 바탕 위에서 나오는 것이기에, 나의 이야기가 개입될 수밖에 없고 또한 한계를 지닌다. 그럼에도 정답이 될 수 없는 이런 시도를 계속하는 까닭은, 예수를 따른다는 것이 결국 예수의 삶과 가르침에 비추어 내 삶을 성찰하는 데서 출발한다고 믿기 때문이다.

예수 생애의 십자가를 바라보는 느낌과 해석은 사람마다 다를 것이다. 각자의 삶과 경험이 다르기 때문이다. 나역시 예수 생애의 십자가를 만들며 내 삶을 돌아보았다. 그래서 예수 생애 십자가를 소개하면서 내 삶의 이야기를 함께 하고 있다. 어쩌면 나는 예수의 십자가 이야기를 하는 것이 아니라, 내 십자가 이야기를 하고 있는지도 모른다.

귀농 시절, 주된 난방은 아궁이 불이었다. 월동 준비에서 가장 중요한 일 가운데 하나는 땔감을 마련해 두는 것이었다. 주로 산에서 나무를 해 와야 했으니, 이때 지게는 큰 역할을 했다. 등짐을 질 때는 지게만 한 것이 없다. 나에게 지게는 십자가를 떠올리게 하는 하나의 상징이다. 예수가 십자가형을 당하실 때 죄수들은 자신이 달릴 십자가를 직접 지고 가야 했다. 지게처럼 십자가를 연상하게 하는 또 다른 물건은 어머니가 사용하시던 물지게다. 우물물을 길어 와야 했던 시절에는 물지게로 쓰였고, 나중에는 가축들의 사료를 대신할 잔반을 나르는 데 사용되었다. 어머니는 어려운 농촌 살림에 부수입을 보태기 위해 돼지와 닭과 염소를 키우셨는데, 가축 사료값을 아끼려고 동네 식당 몇 곳에서 음식 찌꺼기를 통에 담아 물지게로 져 날랐다. 나는 어머니가 쓰시던 그 물지게를 아직도 간직하고 있다. 언젠가 내가 만든 십자가를 전시할 기회가 생긴다면, 어머니의 물지게도 함께 전시하고 싶다. 십자가 이야기에 지게를 등장시킨 배경은, 앞서 말한 것처럼 우리가 짊어진 삶의 무게를 우리가 직접 지고 가는 십자가로 확장해 이해하고 있기 때문이다. 대학 시절에는 민요연구회라는 동아리에서 활동하면서 농촌의 일노래를 채록하고 배우기도 했다. 아직도 기억에 남아 있는 지게와 관련된 노랫말이 있다. 등짐노래 가운데

"태산 같은 짐을 지고 이 고개를 어이 넘을거나,"

라는 기막힌 가사가 그것이다. 이 가사는 민중의 힘겨운 노동과 일상을 위트 있게, 그러나 적나라하게 드러낸다. 얼마나 못 먹고 힘이 없었으면 메뚜기 뒷다리에 걸려 넘어질까. 과장이 아니라 실제로 일어날 수 있는 일이고, 어쩌면 실제로 일어났던 일이었을 것이다. 메뚜기 뒷다리에 걸려 넘어진 것은 아닐지라도, 얼마든지 무거운 등짐을 지고 논두렁을 걷다가 넘어질 수 있었고, 그렇게 무거운 짐을 진 채 엎어지면 크게 다칠 수도 있다. 제대로 치료조차 받지 못한다면, 시름시름 앓다가 아까운 목숨이 그렇게 허망하게 떠날 수도 있는 것이다. 이런 일은 과거에만 있었던 일이 아니다. 지금도 산업 현장에서는 숱한 목숨이 그런 식으로 죽어 가고 있다. 우리는 기본적인 생존조차 보장받지 못한 채, 살기 위해 목숨을 걸어야 하는 원시적 현실 속에 여전히 머물러 있다. 위의 가사와 짝을 이루는 노랫말은

"여보게 마누라, 여보소 마누라, 작년 팔월추석에

송편 먹다 체해 죽은 마누라"

이다. 굶주림이 다반사이던 시절, 허기진 뱃속에 찰진
음식이 들어가면 급체를 일으킬 수도 있었을 것이다. 참으
로 웃프면서도 처연한 가사다. 원시시대에는 부족 공동체
가 생존과 운명을 함께 짊어지는 공동체로서, 살아내기 위
한 몸부림을 함께했다. 그러나 오늘날 부익부 빈익빈의 양
극화 사회에서, 목숨을 걸고 살아야 하는 사람들은 바닥의
민중들이다. 그들의 희생 위에서, 다른 한편에서는 우리가
상상조차 할 수 없는 호화로운 삶이 유지되고 있다.

우리 각자에게는 생존을 위한 삶의 짐이 있다. 그러나
그와 함께 사회 공동체가 함께 짊어져야 할 짐도 있다. 사
회 공동체의 일원으로서, 좀 더 나은 세상을 만들어 가는
일에 내가 할 수 있는 몫을 실천하는 것 또한 우리가 짊어져
야 할 짐 가운데 하나이다.

"예수의 사역을 움직인 힘은

사명 이전에 사람을 향한 연민이었다.

돌봄은 결국 서로를 살게 하는

사랑의 가장 구체적인 형태다."

4. 예수의 연민
예수의 공생애 사역

돌이켜 보면, 내가 교회를 돌보고 섬긴 것이 아니라

오히려 나와 내 가정이 교회 공동체의

보살핌 속에서 살아왔다.

예수 그리스도의 공생애 3년에 대한 복음서의 기록은, 백성들에게 말씀을 가르치고 그들을 돌보며 치유한 이야기로 가득하다. 백성들의 열렬한 지지와 환호도 있었지만, 당시 기득권층의 시기와 질투, 핍박도 함께 받으셨다. 예수는 희망을 잃고 살아가던 백성들에게 그동안 받아보지 못했던 위로와 격려, 그리고 다시 살아갈 힘을 주셨다. 죽을 때까지 쉴 틈도 없이 사역을 이어간 예수의 동력은 무엇이었을까. 나는 예수가 구원자로서의 사명감보다 백성들을 불쌍히 여기는 마음, 곧 사랑이 더 컸을 것이라고 생각한다. 나는 이런 예수의 사랑을 어머니의 희생과 사랑에서 정서적으로 더 가깝게 느낀다. 나를 먹이고 입히고 교육시키느라 고생하신 어머니의 삶을 기억하며, 어머니의 한복 저고리와 치마의 선을 살려 예수의 공생애 사역 기간의 모습을 형상화했다. 어머니의 정장은 한복이었고, 머리는 쪽을 지어 비녀를 꽂으셨다. 이런 어머니가 학교를 방문하면 친구들은 나의 할머니인 줄 알았다. 검은 치마에 자주색 옷고름이 달린 노란 저고리를 입고 학교에 오셨을 때, 미술 선생님이 여러 번 어머니를 쳐다보며 그 복색에 관심을 보이셨던 기억이 있다. 예전에는 흔했던 모습인데, 한복을 입고 머리에 비녀를 꽂은 모습이 점점 보기 드물어졌기 때문일 것이다. 어머니의 길었던 머리는 요양원에 모시면서 짧아졌다. 요양원에서 마지막을 보내신 일이 아직도 마음에 남아 있다. 대소변을 가리지 못하시니 집에서 모시기가 점점 버거워졌다고는 하지만, 그래도 조금 더 집에서 모시며 함께 살 수는 없었을까. 가시고 나니 이것저것 후회로 남는 것이 많다.

이 땅의 아들이 어머니에 대해 느끼는 짙은 감정은 참으로 특별하다. 내 소원 가운데 하나도 평생 고생만 하신 어머니를 편히 모시고 함께 사는 것이었다. 그렇다고 해서 내가 남다른 효자여서 그런 것은 아니다. 주변 지인들과 만나 생활 이야기를 나누다 보면, 내 또래 남성들 대부분이 어머니를 모시고 싶어 한다. 자식을 위해 온통 희생하신 어머니에 대한 애틋한 마음이야 아들이나 딸이나 다르지 않겠지만, 우리 사회의 전통에는 아직도 아들이 부모를 책임지고 모셔야 한다는 의식이 남아 있어서 아들에게 책임감이 조금 더 크게 남아 있는 것인지도 모른다. 그러나 현실에서는 아들들이 어머니를 모시고 살기에는 부족한 것이 많다. 무엇보다 돌봄 능력이 떨어진다. 그러니 아내에게 대리 효도를 기대했다가 실망하고 서운해하며, 그것이 부부 사이의 갈등으로 번지기도 한다. 그리고 시어머니와 며느리 사이에서 아들의 위치는 삼각관계의 한 꼭지점이 된다. 대부분 아들들이 이 삼각관계 안에서 처신을 잘못해 오히려 고부갈등을 부추기기도 한다. 그래서 마음은 원이로되, 현실적으로 아들이 어머니를 모시는 일은 쉽지 않다.

아들은 마음뿐인 경우가 많고, 실제로 부모를 돌보는 일에서는 딸들이 훨씬 더 탁월한 능력을 발휘하는 것이 현실이다. 다행히 나는 직접 어머니를 모시고 사는 행운을 누렸다. 내가 행운이라고 말하는 것은, 덕을 쌓아야 누린다는 주말부부 생활을 하고 있었기 때문이다. 그리고 시간이 비교적 자유로운 목회자였기에 가능한 일이기도 했다.

어머니의 끼니를 챙겨 드리는 일은 어렵지 않았다. 자녀들이 인근 도시로 진학하면서 자연스레 주말부부가 되어 평일에는 어차피 혼자 밥을 해 먹고 있었고, 요리도 그리 어렵지 않았다. 어머니는 군산 분이셔서 갯가 음식을 좋아하셨다. 한 번은 생선을 구워 드렸는데, 드시기 불편하실까 봐 가시를 발라 드렸다. 나는 속으로 '됐다. 내가 알아서 먹을 테니 너도 어서 먹어라' 하고 말씀하실 줄 알았다. 그런데 식사를 마칠 때까지 아무 말씀도 하지 않으시고 내가 발라 드린 생선만 드셨다. 어릴 적 내게 생선 가시를 발라 주시던 어머니가, 이제는 내가 발라 드리는 생선을 드시는 모습을 보면서 비로소 어머니가 얼마나 노쇠해지셨는지 실감

했다. 아버지는 일찍 돌아가셨는데, 돌아가시기 오래전부터 많이 편찮으셨다. 한 번은 아버지와 함께 외출하는데 버스 시간이 다 되어 서둘러야 했다. 아버지는 느릿느릿 걸음을 옮기셨다. 답답했던 나는 먼저 승강장에 도착했고, 버스도 곧 도착했다. 버스가 도착한 것을 보았는데도 아버지가 천천히 오시길래 빨리 좀 오시라고 재촉했다. 젊었던 나는 내 중심으로만 생각하다 보니, 나이 들고 병약해지면 신체 활동이 얼마나 자연스럽지 못하고 또 버거운지 알지 못했던 것이다. 그렇게 부지런하시던 어머니가 끼니를 챙겨 드시는 것조차 귀찮고 힘이 든다고 하셨을 때, 이제는 돌봄을 받아야 할 때가 된 것이었다. 내가 원하던 대로 어머니를 모시고 살았다고 해서 그 시간이 마냥 좋기만 했을까. 좋은 시간보다 의무감과 책임감으로 버틴 시간이 더 많았다. 어머니의 앓는 소리에 밤이면 잠을 제대로 잘 수 없을 정도였다. 끙끙 앓는 소리가 내 방에까지 들렸고, 나중에는 아파 죽겠다는데 와보지 않는다고 역정을 내며 소리를 지르시기도 했다. 한두 번도 아니고 매일 저녁이 괴로웠고, 변을 실수하시면 정말 난감했다. 내 똥 기저귀를 빨아 가며 나를 키워 주신 어머니이지만, 나는 다 감당할 수 없었다. 누군가를 돌본다는 것은 무척 힘든 일이다. 어린 자녀를 양육해야 하는 시기에 부부싸움이 잦은 이유도 가사노동과 돌봄노동이 그만큼 버겁기 때문이다. 독립한다는 것은 다른 사람의 돌봄 없이 스스로를 돌볼 수 있게 되는 것이다. 나 하나 돌보는 것도 쉽지 않은데, 다른 누군가를 돌본다는 것은 더 어려운 일일 수밖에 없다. 인간의 성장은 이렇게 진행된다. 돌봄을 받다가, 스스로를 돌보다가, 마침내 누군가를 돌볼 수 있는 사람으로 성장한다. 그리고 나이가 더 들면, 다시 누군가의 돌봄이 필요한 상태로 돌아간다.

내가 원한 일이기는 했지만, 어머니를 모시는 일로 피로도가 높아졌을 때는 잠시 누나 집에 어머니를 보내고 쉬기도 했다. 이런 이야기를 한 선배와 나눈 적이 있는데, 그 선배는 잠깐이라며 주어진 시간에 최선을 다하라고 했다. 어머니가 돌아가시고 난 지금 돌아보니, 정말 잠깐이었다. 지나고 보면 잠깐이고 아쉬울 뿐인데, 그 시간 속에서는 왜 그리 어리석었는지 모른다. 최선을 다하지 못한 일은 끝내 후회를 남긴다.

　목회자가 감당해야 할 일이 많겠지만, 그 가운데서도 돌봄의 영역이 차지하는 비중이 무엇보다 크다고 하겠다. 특히 연세 많으신 분들이 교인의 대부분인 시골교회의 경우는 더욱 그렇다. 나는 이런 돌봄 목회에 취약했다. 책임감으로 해야 할 일은 했지만, 따뜻하고 살갑게 사람들을 챙기는 일은 잘하지 못했다. 성격이 내성적이어서 그런지 많은 사람을 상대하고 만나는 일이 버거웠고, 심방을 여러 곳 다녀오면 피로도가 심했다. 그래서 목회가 나와 잘 맞지 않는 것은 아닌지, 그만두고 싶다는 생각을 많이 했다. 물론 지금은 그런 목회적 회의가 목회를 더 잘하고 싶었던 마음에서 비롯된 측면도 있다고 생각하기에, 동료나 후배가 목회를 그만두고 싶다고 하면 내 경험을 나누곤 한다. 그리고 목회를 더 잘하고 싶은데 자꾸 부족한 것 같은 마음 때문이라면, 조금 더 해보는 것도 괜찮지 않겠느냐고 권한다.

목회하면서 따뜻한 기억으로 남아 있는 이야기들이 있다.

나를 선상님이라 부른 윤순애 교우

지역교회연합회에서 나온 선교비를 들고 혼자 어렵게 생활하시는 윤순애 교우의 집을 방문했다. 돈의 출처를 설명하며 생활에 보태시라고 봉투를 내놓았다. 놀란 표정으로 두 손을 마주하고 "아이고…" 하시더니, 머뭇머뭇 말을 잇지 못하다가 갑자기 나를 향해 "선상님!" 하고 부르시는 것이다. 당황한 나머지 '목사'라는 호칭이 얼른 떠오르지 않으셨던 모양이다.

> "아이고, 선상님! 이거 나하고 반씩 나누어 씁시
> 다."

목사라는 말이 생각나지 않아 나를 선상님이라고 부른 윤순애 교우는 생활보호대상자였다. 버스비도 아끼느라 늘 걸어 다니셨고, 그렇게 모은 돈은 어렵게 사는 딸에게 주기도 하셨다. 병원에 연세 많으신 분을 모시고 가면, 출

입문을 통과하거나 문턱을 넘을 때 자연스럽게 잠깐 손을 잡고 부축해 드리게 된다. 윤순애 교우도 병원에 모시고 가서 그렇게 손을 잡았는데, 이분이 내 손을 놓지 않고 계속 잡은 채로 복도를 걸으셨다. 누군가의 든든한 돌봄을 받고 있다는 것, 내가 혼자가 아니라는 사실이 은근히 자랑스러우셨던 것 같다. 나중에는 자녀가 모셔 간 뒤로 소식이 끊겼다.

병원을 가장 무서워한 하동순 교우

하동순 교우는 동네에서도 교회에서도 천덕꾸러기 같은 신세였다. 가까이 가면 냄새가 나서 누가 선뜻 곁에 가려 하지도 않았고, 성격도 평범하지는 않았다. 교회에서는 노골적으로 무시하거나 홀대하는 일은 없었지만, 동네에서는 분명 소외된 분이었다. 한 번은 하동순 교우가 내게 꼬깃꼬깃 접힌 만 원짜리 한 장을 건네며 이렇게 말했다.

"목사님, 내가 목사님한테나 사람 대접을 받아요.
이거 밥 사 먹어요."

시커멓게 때 국물이 묻어 있는 만 원짜리 한 장을 받기가 정말 싫었다. 사양해도 계속 내 손에 쥐여 주셨다. 받지 않으면 그분에게 예의가 아닌 것 같아, 고맙다고 하며 결국 받았다. 나는 지금도 나에게 사람 대접을 받았다는 하동순 교우의 말을, 내 목회에 대한 찬사로 기억하고 있다.

교회를 빠지지 않던 하동순 교우가 결석해서 방문해 보니, 방 안에 몸져누워 계셨다. 고열에 시달리고 있었다. 쯔쯔가무시병이 의심되었다. 모시고 병원에 가려고 하는데, 열이 펄펄 나고 끙끙 앓으면서도 병원에 가지 않겠다고 고집을 피우셨다. 이러다 큰일 난다며 겁도 주고 달래기도 하며, 결국 설득해 병원에 데려갔는데 예상대로 쥐병이었다. 하동순 교우는 병원에 가는 것을 극도로 싫어했다. 주사가 무서웠을까, 병원비가 무서웠을까, 정확한 이유는 알 수 없다. 아마도 병원을 생사를 가르는, 넘어서는 안 될 벽처럼 생각하셨던 것 같다. 결국 돌아가실 때도 병원에 가지 않았다. 며칠 앓다가 승강장까지 혼자 힘으로 나와 피를 토하고 돌아가셨다. 그렇게 혼자 쓸쓸하게 돌아가셨는데, 장례식마저 쓸쓸하고 초라할까 봐 염려되었다. 슬하에 딸 하나가 있었는데, 가족이라곤 그 딸이 전부였다. 그 딸은 멀리 살고 있었다. 나는 교우들에게 장례식에 최대한 많이 참석해 달라고 부탁했다. 장례를 마치고 하동순 교우의 사촌 동생으로부터 진심 어린 감사의 인사를 받았다. 그도 오면서 장례를 어떻게 치를까 염려가 많았는데, 교회장으로 치른 장례식에 큰 위로가 되었다며 몇 번씩 인사했다. 이런 때가 목회자로서 보람을 느끼는 순간이다. 사람은 태어나고, 결혼하고, 자식을 낳고, 나이를 먹다가 죽는다. 그리고 그 중요한 인생의 순간마다 통과의례를 치른다. 교회에도 여러 예식이 있지만, 가장 중요하고 종교적 예식이 필요한 때는 장례식이라고 생각한다. 그래서 장례식은 늘 각별히 정성스럽게 준비하게 된다. 하지만 교인 수가 적은 시골교회에서 장례식을 치르는 일은 쉽지 않다. 예식에 참석해 함께 기도하고 찬송을 부를 수 있는 인원이 너무 적기 때문이다.

하동순 교우는 다슬기를 잡아 판 돈으로 군것질도 하고 밥도 사 먹으며 용돈을 마련하셨다. 가끔 우리 집에도 다슬기를 잡아다 주셨다. 처음에는 이걸 어떻게 먹어야 하나 싶었고, 가져다주시는 것도 부담스러웠다. 그런데 나중에는 내가 다슬기 맛을 들여서, 다슬기를 주시면 반갑고 고마웠다.

집에 불이 났던 이정희 교우

한 가정의 집안사에도 이런저런 일이 많다. 그래서 여러 가정과 집안이 모인 교회 공동체에는 참으로 다양한 일이 일어난다. 교우의 집에 불이 나 집 전체가 전소된 적도 있다. 이정희 교우의 집에 불이 났다는 소식을 듣고 달려가 보니, 집 전체가 불에 타고 있었다. 내가 할 수 있는 일은 아무것도 없었다. 교우의 손을 잡고, 집이 다 타고 불길이 잦아들 때까지 그 자리에 함께 서 있을 수밖에 없었다. 그렇게 한밤중이 되어서야 마을회관에 모셔다 드리고 교회로 돌아왔다. 목회자들은 교인들에게 닥치는 불행에 마치 자신도 책임이 있는 것처럼 느껴질 때가 많다. 교우들이 겪는 어려움 앞에서 무기력해지기도 한다. 이날도 나는 교우의 손을 잡는 것, 그 자리에 함께 있는 것 외에는 아무것도 할

수 없었다. 교우의 집은 전소되어 새로 집을 지어야만 했
다. 다행히 자녀들이 서둘러 수습하고 곧바로 집을 짓기 시
작했다. 교회도 십시일반 돈을 모아 조금이나마 보탬이 되
도록 전달했다. 시골교회의 재정 형편이 넉넉지 않다 보니
액수는 얼마 되지 않았다. 나는 개인적으로도 주변 지인들
에게 알려 돈을 모아 함께 보냈다. 이 일로 이정희 교우는
해마다 추수철이 되면, 교회에 헌금하는 것 외에도 도움을
주었던 사람들에게 일일이 농산물로 감사를 표현하신다.
어려운 일을 겪기는 했지만, 그 어려움을 함께 나누는 경험
을 통해 교회 식구들은 더욱 돈독한 사이가 되었다.

나에게 홍시를 양보한 남양이 교우

어느 주일, 남양이 교우가 나에게 큰 홍시 하나를 주셨
다. 나도 그렇게 큰 홍시는 처음 보았다. 장에 나갔다가 너
무 탐스럽고 먹음직스러워서 자신이 먹으려고 샀는데, 아
까워서 못 먹고 목사님께 드리려고 가져오셨다고 한다. 남
양이 교우는 먹는 것을 참 좋아하셨다. 그런 분이 양보한 홍
시를 내가 먹었다. 참 순수한 마음이셨다. 목사가 뭐라고

그렇게까지 위해 주시는지, 몸 둘 바를 모를 때가 많다. 과장해 말하면 마치 하나님을 대하듯 목사를 대우해 주신다. 예배를 마치고 악수례로 인사를 나누는데, 내 손을 끌어다 자기 볼에 비비며 "우리 목사님, 우리 목사님" 하고 말씀하신다. 나는 분에 넘치는 사랑과 대접을 받은 것이다.

돌이켜 보면, 내가 교회를 돌보고 섬긴 것이 아니라 오히려 나와 내 가정이 교회 공동체의 보살핌 속에서 살아왔다. 목회가 힘들다는 말, 그만두고 싶다는 말은 참으로 못난 말인지도 모른다. 내가 뭔가 한 것도 없는데 힘들 것이 무엇인가. 나는 받기만 했고, 이제 와 생각하면 감사한 일들뿐이다. 교회 공동체를 돌보는 일에 더 헌신하지 못한 것이 오히려 부끄러운 일이다. 아마도 내가 목회자로서 품었던 회의는, 결국 이런 헌신의 부족함을 누구보다 스스로가 알고 있었기 때문인지도 모르겠다

"겟세마네의 기도는

아무도 대신할 수 없는 홀로의 시간이다.

기도는 내 뜻을 이루는 도구가 아니라,

삶을 받아들이는 힘이다."

5. 예수의 고독
겟세마네 동산의 기도

기도는 내 뜻을 관철시키기 위한

주술적 수단이 아니다.

고등학교를 자퇴한 뒤 2년 동안 혼자 지내면서, 무료함을 달래기 위해 달력에 실린 성화를 베껴 그리곤 했다. 겟세마네 동산에서 기도하는 예수를 그린 그림은 액자에 넣어 벽에 걸어 두기도 했다.

예수의 고독을 표현한 이 십자가는 비교적 형상화가 쉬워서 초기에 만들어졌다. 무릎을 꿇고 엎드린 모습을 표현하다 보니 곡선이 많이 들어간 작품이 되었다. 반듯한 형태의 십자가에 익숙한 사람들은 이런 곡선형 십자가를 낮

설어한다. 어떤 이들은 이것을 새롭다며 나름의 해석을 덧붙여 '아리랑 십자가' 나 '춤추는 십자가' 라고 부르기도 한다. 그러나 또 어떤 이들은 십자가가 왜 이렇게 구부러졌느냐며 의문을 제기하고 거부감을 드러내기도 한다. 예수의 죽음을 상징하는 십자가는 기독교 구원의 상징이 되었다. 그러나 나는 십자가 안에 예수의 죽음뿐 아니라 삶 전체가 녹아 있다고 본다. 나는 십자가 안에 예수의 삶 전체가 녹아들어 있기에, 예수와 십자가는 둘이 아니라 하나라고 생각해 왔다. 주로 가톨릭에서 사용하는 십자가에는 예수의 고상이 달려 있다. 그러나 내가 만든 십자가는 십자가와 고상이 구분되지 않고 한 몸이라는 전제 위에서 표현되었다. 그래서 십자가의 모양이면서도 그 안에 신체의 움직임과 자세가 함께 포착된다. 내가 표현하고 싶었던 십자가는 예수의 죽음만을 상징하는 십자가가 아니라, 예수의 삶 전체를 드러내는 십자가였다.

예수가 죽음을 앞두고 겟세마네 동산에서 기도하는 장면을 기록하면서, 복음서는 함께 기도하지는 못할망정 졸

다가 잠에 빠진 제자들의 모습을 대비시켜 보여 준다. 더구나 예수를 잡아 죽이려는 음모에 가담한 제자도 있었으니, 그 배신감이 얼마나 컸겠는가. 소명에 따른 삶이 결국 자신을 죽음으로 몰아갔고, 이 생사를 가르는 중대한 국면에서 의지할 사람은 하나도 없었다. 신께 기도할 뿐이었고, 겟세마네 동산에서 예수는 철저히 혼자였다. 나는 이 밤샘 기도의 장면을 떠올리며, 예수의 심정을 표현하는 데에는 '고독'이라는 단어가 가장 적합하다고 느꼈다.

목회를 하면서 내가 자주 경험하는 핵심 감정 가운데 하나도 '외로움'이다. 일반 사회생활을 하는 친구를 만나도 깊은 공감을 형성하기가 쉽지 않았다. 동료 목회자를 만날 때면 그래도 마음이 조금은 편안해진다. 하지만 목회자 사이에서도 진심으로 삶을 나누는 관계를 맺는 일은 쉽지 않다. 마음을 나눌 동료가 있다는 것은 정말 감사하고도 복된 일이다.

인생의 위기를 통과할 때는 결국 홀로다. 인생의 과제

는 누가 대신 풀어 줄 수 없고, 스스로 감당해야 한다. 신앙은 내 짐을 덜어내기 위한 피난처라기보다, 오히려 홀로 서기를 돕는 것이 아닐까. 스스로 삶의 주인이 되어 주체적으로 산다고 해서 인생이 내 뜻대로 흘러가는 것은 아니다. 겟세마네 동산에서 예수의 기도도 결국 이렇게 끝을 맺는다. "내 뜻이 아니라 아버지의 뜻이 이루어지기를 원합니다." 기도는 내 뜻을 관철시키기 위한 주술적 수단이 아니다. 기도를 통해 우리는 내 마음대로 되지 않는 인생에서 일어나는 일들을 받아들이고, 견디고, 그럼에도 앞으로 나아갈 수 있는 힘을 얻는다. 어떤 이는 현상을 바꿀 힘이 없다면 기도할 필요가 없다고 말할지도 모른다. 그러나 바깥을 바꾸기 위해서가 아니라, 오히려 우리 내면을 지키기 위해 기도가 더 필요한 것은 아닐까. 그동안 기도에 대한 내 생각은 참 많이 바뀌었다. 기도의 방법 역시 많이 달라졌다. 내가 원하는 성취를 이루기 위해 애쓰는 기도에서, 나에게 일어나는 일들을 있는 그대로 받아들이는 수용의 기도로, 말이 많이 사용되는 간구형 기도에서 말없이 침묵 속에 머무는 관상적 기도로 조금씩 변화해 왔다. 그리고 이런

내 기도 방식의 변화를 가져온 결정적인 계기 가운데 하나
가 바로 예수기도였다.

　　누군가 기도의 방법을 찾고 묻는다면, 나는 예수기도
를 권하고 싶다. 누구나 할 수 있는 쉽고도 단순한 기도법
이면서, 간구 중심의 기도에서 조금씩 벗어나게 해 주기 때
문이다. 예수기도를 알게 된 뒤, 나는 한 주간 작정하고 예
수기도만 드린 적이 있다. 예수기도의 방법은 아주 간단하
다. 예수의 이름을 끝없이 반복해 부르는 기도이다. 나는
“주 예수 그리스도시여, 제게 자비를 베푸소서”라는 말을
반복한다. 훈련을 위해 처음에는 숫자를 헤아리며 하는 것
이 좋은데, 다른 생각에 빠지는 것을 막아 주기 때문이다.
계속하다 보면 하루 동안 헤아려 알아차리는 기도의 횟수
가 늘어나고, 이렇게 훈련하다 보면 나중에는 의식하지 않
아도 거의 자동으로 입에서 예수기도가 돌아가게 된다. 물
론 매일 예수기도만 하며 살 수는 없다. 그러나 이렇게 집
중하는 기간을 거치고 나면, 일상 속에서도 따로 시간을 내
거나 특별히 의식하지 않아도 예수기도가 입에서 자연스

럽게 흘러나오게 된다. "쉬지 말고 기도하라"는 말씀을 온전히 실천하지는 못하더라도, 일상을 살며 틈틈이 입속으로 예수기도를 되뇌고, 내가 거룩히 여기는 예수의 이름을 되새기는 것만으로도 지금 여기 깨어 있는 데 큰 도움이 된다. 처음 집중 훈련을 할 때는 신비한 경험도 했다. 예수기도만 드린 지 닷새째 되던 날, 교회 뒤편 언덕을 산책하며 예수기도를 하는데 지극히 평온한 기운이 나를 감싸고, 내적 충만함이 가슴에서 번져 나오는 느낌이 동시에 밀려왔다. 너무도 평화로웠고, 이대로라면 내게 더 필요한 것은 아무것도 없이 충만하기만 했다. 하나님께 더 바랄 것도 없었다. 나는 "하나님, 당신과 함께라면 충분합니다"라고 고백하며 언덕을 내려왔다.

목회 활동 가운데 하나로 늘 해 오던 새벽기도는 관성적일 때가 많았다. 내 경험에 비추어 보면, 밤샘기도까지는 아니더라도 잠을 이루지 못하고 한밤중에 깨어 기도할 때는 대개 중요한 선택을 앞두고 있거나, 괴로운 일로 힘들 때였다. 늘 반복되던 레퍼토리의 기도 말고, 내가 개인적으로 씨름했던 것은 '내가 지금 여기 있는 것이 과연 맞는가' 하는 물음이었다. 목회하며 힘들었던 것은 현실에서 어떤 구체적인 어려움을 만났기 때문만은 아니었다. 그런 일들은 겪어 내고 지나가면 된다. 그런데 늘 붙잡혀 있던 문제가 있었으니, 그것은 "지금 내가 하고 있는 목회가 과연 맞는가"라는 질문이었다. 목회 기간 내내 따라다니던 그 답답함은 과연 무엇 때문이었을까.

하나님을 믿는다고는 하지만, 하나님에 대한 각자의 이해는 참으로 다양하다. 삶의 자리와 경험의 차이에서 각기 다른 하나님 이해가 생겨난다. 하나님에 대한 다양한 견해는 정통 교리라는 기준을 넘지 않는 한 어느 정도 자유로울 수 있다. 그러나 교리를 거스르는 견해를 유지하는 것은 제도 교회 안에서 허용되지 않는다. 나 역시 그동안의 삶의 여정을 통해 나만의 독특한 신앙의 색깔을 갖게 되었다. 그렇게 형성된 나의 신앙고백은 어느 날부터인가 기존 교리와 맞지 않게 되었다. 이제는 사도신경으로 신앙고백을 하는 일마저 불편하다. 찬송가 가사에서도 마음에 걸리는 부분이 점점 늘어나고 있다. 보통 교회의 예배에서 사도신경은 공동체의 신앙고백을 확인하는 관습이 되어 있다. 그러나 사도신경의 각 구절을 오늘의 언어로 새롭게 해석하는데에도 한계가 있다고 나는 느낀다. 말이 지닌 힘이 워낙 크기 때문에, 새로운 언어로 다시 구성하지 않으면 기존의 교리적 신념만 계속 강화될 뿐이라고 생각하기 때문이다. 그리고 그것은 결국 신화화된 이야기를 문자 그대로 믿으라고 강요하는 태도로 이어지기 쉽다. 지금 시대에 걸맞은 새로운 신앙고백을 만들어 사용할 수 있다면 좋겠다.

평화를 내세우는 종교 집단만큼, 교리에서 벗어난 사람을 폭력적으로 단죄하는 곳도 드물다. 성소수자 집회에 참석했다는 이유로 목사직을 박탈당하고, 일용직 노동을 하며 살아가던 사람을 만난 적이 있다. 대학원을 졸업하고 군목으로 입대할 예정이었는데, 결국 일반 사병으로 입대를 앞두고 있는 상태였다. 한 사람의 인생을 이렇게 좌지우지하는 것은 너무도 폭력적인 일이다.

목회자의 사역 가운데 가장 신경 쓰이고 부담스러운 부분은 역시 설교일 것이다. 나 역시 설교를 준비하는 일로 스트레스를 많이 받았다. 내가 말하고 싶은 내용과 청중이 듣고 싶어 하는 내용이 다르다는 점에서 갈등이 시작된다. 또한 교리에서 벗어난 이야기를 하려 할 때는 스스로를 검열하게 된다. 직업 목회자의 한계는 회중이 듣고 싶어 하는 이야기를 함으로써, 그들을 어느 정도 만족시켜야 한다는 생각에서 쉽게 벗어나지 못한다는 데 있다. 이렇게 타협한 설교를 계속하다 보면, 스스로 불일치하는 경험을 지속할 수밖에 없다. 점점 자신 앞에 떳떳하지 못해지고, 결국 목회에 대한 소명감마저 흔들리는 지경에 이르게 된다.

시골의 작은 교회에는 연로하신 분들만 계셔서, 함께 공부하고 성장해 가는 교회 공동체를 기대하기가 어려웠다. 일방적인 설교보다는 좀 더 깊이 소통하고 나누고 싶은 마음이 있었지만, 번번이 좌절감을 맛보아야 했다. 공동체와 충분히 소통하지 못한 채 일방적인 설교를 반복하다 보니, 목사는 오히려 교회 공동체와 소외된 관계가 되어 갔다. 어쩌면 이런 불일치와 소외감 때문에 목회 생활에서 만족을 느끼기 어려웠던 것은 아닌지 생각하게 된다.

한동안 반복해서 꾸던 꿈이 있었다. 누군가에게 연락을 하려는데 핸드폰 화면에서 연락처 찾기가 되지 않거나, 번호가 잘 눌리지 않는 꿈이다. 나는 이 꿈을, 나름대로 소통되지 않는 문제를 반영한 것이라고 해석하고 있다. 목회지에서도 공동체와 연결감이 별로 없다는 생각이 들었고, 늘 혼자라는 느낌이 있었다. 다른 사회적 관계도 거의 없었다. 사람은 결국 혼자라고들 하지만, 그래도 함께하는 사람들이 필요하다. 홀로서기가 중요하다고 해서 관계가 필요 없다는 뜻은 아니다. 삶을 나누고 서로 격려하며 함께 살아가는 것이 건강한 삶이다. 물론 관계에 지나치게 집착하거나 의존하는 것은 경계해야 한다. 그러나 홀로서기를 해낸 건강한 인격체는 좋은 관계를 통해 더욱 성장할 수 있다.

지역에서 서클 방식으로 진행하는 학교 평화교육과, 경찰서에서의 회복적 대화 모임 진행자로 활동하면서 새롭게 알게 된 동료들을 통해 나는 교회 안에서는 경험하지 못했던 다른 종류의 소통과 연결감을 경험하고 있다. 그 안에서 많은 것을 배우고 경험했으며, 개인적으로도 크게 성장했다. 이런 변화는 오랫동안 평화 활동을 해 오던 친구가 가까운 곳의 목회지로 오면서 시작되었다. ‘평화’라는 말은 좋아도, 그것을 구체적인 삶의 현장에서 실천하고 내 삶으로 가져오는 일은 결코 쉽지 않다. 그러나 평화를 현실 속에서 구체적으로 만들어 내기 위한 실천의 프로세스를 알게 되면서, 평화를 이루기 위해 시도해 볼 만한 일들에 관심을 갖게 되었다. 갈등 상황에서 서로의 진심을 전할 수 있는 구체적인 대화 방법이 있고, 그 방법이 생각보다 그리 어렵지 않다는 것을 알게 되었다. 회복적 대화 모임은 단순하지만, 갈등 상황을 전환하고 서로 다시 소통할 수 있게 하는 힘이 있다. 물론 그것이 모든 문제와 갈등을 해결해 주는 것은 아니다. 그럼에도 이런 방법이 존재한다는 사실 자체가 얼마나 반가운가. 누구나 평화를 원하지만, 막상 평화를 이루는 일 앞에서는 대부분 무기력한 것도 사실이다. 이 만남은 내 삶에서 참 중요한 전환점이 되었다.

내 삶에 찾아온 변화 몇 가지를 말하자면, 먼저 어느 순간부터 자녀들의 이야기를 내가 정말 경청하고 있다는 느낌을 받게 된 점이다. 전에도 듣는다고는 했지만, 끝까지 들어 주지 못하고 내 이야기를 했었다. 그나마 듣는 것도 내 생각의 거름망을 통해서였다. 내가 정말 경청하고 있다는 그 확연한 느낌과 자각에 스스로도 놀랐고, 그동안 놓친 것들에 대해 미안한 마음도 들었다. 가족이 함께하는 시간에 토킹 피스를 돌리지는 않지만, 돌아가며 모두의 이야기를 듣는다. 연중 중요한 절기에는 가족 서클을 열기도 한다. 물론 이런 가정에도 부부싸움은 있다. 한 번은 우리 부부가 다투다 큰소리가 나자, 딸이 대화 모임을 하자고 제안했다. 참 놀라운 변화다. 자녀들은 상대적으로 약자이기에 어른들의 싸움 앞에서 일방적인 피해자가 되기 쉽다. 그런 일이 애초에 없으면 가장 좋겠지만, 이런 갈등 상황에서 자녀들이 회복적 대화 모임을 제안할 수 있었다는 사실은 참 감사한 일이다.

우리가 온전한 삶을 살아가기 위해서는 나 자신과의 내적 대화도 필요하다. 나는 그 안에 기도도 포함시키고 싶다. 그리고 동시에 다른 사람들과의 대화와 소통도 필요하다. 우리가 대화해야 할 대상은 전혀 모르는 타인이 아니다. 우리의 가장 가까운 대화 상대는 늘 마주하고 함께 살아가는 가족과 동료들이다. 그런데 정작 오늘의 현실에서는 가장 대화가 부족한 대상이 가족인 경우가 많다. 나도 예전에는 아내에게 "내가 말로 해야 알아?" 하고 짜증을 낸 적이 있다. 그러나 내 감정과 필요를 말로 표현해야 상대가 알지, 어떻게 알겠는가. 참으로 어리석은 행동이었다. 하지만 어리석은 것이 어쩌면 당연하기도 했다. 우리는 그동안 의사소통에 대한 제대로 된 교육이나 훈련 없이 살아왔으니 말이다. 좋은 모델도 보지 못한 채 자랐다. 감정을 억누르고 살아오다 보니 자기 느낌을 알아차리는 데도 둔감해졌고, 욕구를 상대에게 말하고 요청하는 것은 어쩐지 부끄러운 일이라고 여겼다. 그저 상대가 알아서 해 주기만 바랐다. 그리고 상대가 알아주지 않으면 화를 내는 방식이, 우리의 좌절된 욕구를 표현하는 익숙한 대응이 되고 말았다.

상대의 말을 듣고 반영하며 그 사람의 느낌과 필요를

읽어 주는 일, 내 감정을 표현하고 필요한 것이 있다면 구체적으로 부탁하는 일, 판단 없이 경청하는 듣기 훈련 같은 것들을 통해 나는 일상에서 작지만 분명한 변화를 경험하고 있다. 물론 지금도 여전히 관계에 서투른 면이 있다. 평소의 대화가 배운 대로, 훈련한 대로 늘 잘되는 것은 아니다. 자극과 반응 사이에 공간을 만들어 내는 일은 아직도 내게 큰 숙제이다.

그러나 자극에 즉각 반응하여 대화를 망쳐 버렸을 때는, 뒤늦게라도 복기하면서 그때 내 진심을 제대로 전달하려면 어떻게 표현하는 것이 좋았을지 문장을 고쳐 보는 연습을 한다. 가족들과 함께 이런 연습을 하기도 한다. 비폭력대화에서 배운 연습 방법인데, 꽤 도움이 된다. 자극과 반응 사이의 공간이 눈에 띄게 자각될 정도는 아직 아니지만, 자극이 오면 그 자리를 잠시 피해서라도 서툰 감정적 대응을 멈추려고 애쓰고 있다. 아내와 말다툼을 하거나 자녀들과 마음 상하는 일이 있더라도, 이제는 오래 끌지 않고 곧바로 대화를 통해 회복하려고 한다.

"진실을 따르는 길은

언제나 저항과 충돌을 동반한다.

그러나 그 갈등 속에서

우리는 더 분명한 길을 선택하게 된다."

6. 엘리 엘리 라마 사박다니
예수 십자가에 죽으심

나는 이제 '하나님 없이 하나님과 함께 산다'는

말에 깊이 공감한다

예수가 십자가에 달려 죽으며 남긴 마지막 말은 "나의 하나님, 나의 하나님, 어찌하여 나를 버리셨나이까?" 였다. 하나님의 아들이신 예수가 어떻게 이런 절규를 쏟아낼 수 있었는지 의문을 품는 이들도 있을 것이다. 예수 사후 오랜 세월 동안 신학적 해석과 교리화의 과정이 이어졌다. 그래서 오늘날 그리스도인들은 예수가 하나님과 동등한 분이라는 삼위일체 교리를 너무도 당연한 것으로 받아들이며 살아간다. 그러나 예수의 죽음을 둘러싼 역사적 순간으로 더 가까이 다가가 본다면, 그 십자가 아래 서 있던 사람들에게 예수의 절규는 무엇보다도 진실한 외침으로 들렸을 것이다. 죄 없이 억울한 죽임을 당하는 예수를 지켜보던 사람들 역시, 왜 하나님께서 예수를 십자가에 달려 죽도록 내버려 두셨는지 묻지 않았겠는가.

예수는 대속 제물이 되기 위해 스스로 십자가에 달려 죽은 것이 아니다. 불의 앞에서 물러서거나 도망가지 않고 결연히 맞서다가, 로마의 지배자들과 그들과 결탁한 유대 지도층에 의해 십자가에 처형된 것이다. 예수의 십자가 죽음을 인간의 죄를 사하기 위한 대속적 죽음으로 해석할 때 생겨나는 오해 가운데 하나는, 십자가 처형 자체를 예수의 자발적 죽음으로 받아들이게 된다는 점이다. "엘리 엘리 라마 사박다니"를 번역하면 "나의 하나님, 나의 하나님, 어찌하여 나를 버리셨나이까"이다. 이 절규와도 같은 탄식에서 읽히는 것은 예수의 죽음이 얼마나 억울한가 하는 사실이다. 동시에 이렇게 의로운 자가 비통한 죽음을 당하는 순간, 하나님은 도대체 무엇을 하셨느냐는 강한 의문과 의심도 함께 던져진다.

우리가 고통 속에서도 적어도 하나님이 함께하고 계신다는 믿음이나 느낌을 간직하고 있다면, 그나마 견딜 만하다. 우리에게 극심한 고통보다 더 절망적인 순간은 하나님마저 나를 저버리셨다고 여겨질 때이다. 이 경우에도 나를 저버린 하나님은 여전히 존재한다는 전제가 남아 있다. 그것은 하나님이 존재하지 않는다고 말하는 무신론과는 다르다. 나를 잊고 돌아보지 않는 하나님에 대한 원망은, 여전히 신의 존재를 전제하고 있기 때문이다. 그러나 절망 속에서 하나님 자체를 부정할 때 겪게 되는 정신적 공허감과 허무는, 절망적 상황이 주는 고통보다 더 견디기 어려울 수도 있다. 살아갈 어떤 의미도 느끼지 못하게 되기 때문이다.

하나님에 대한 원망은, 그분이 마땅히 이 고통에서 나를 건져 주실 것이라고 기대했는데 그 기대가 무너졌기 때문에 생겨난다. 이는 하나님을 화와 복을 주관하는 외부의 대상으로 여기는 믿음이며, 그런 믿음은 고난을 만나면 흔들릴 수밖에 없다. 믿음의 시련은 믿음을 상실하게 만들 수도 있지만, 반대로 성숙한 믿음으로 성장하는 계기가 되기도 한다. 이것은 한 사람이 성장하는 발달 단계와도 비슷하다. 어린아이에게 부모는 세상의 전부이자, 필요한 모든 것을 공급하는 존재이다. 사춘기가 되면 부모에 대한 의존은 여전하지만, 절대적이던 부모에게서 못마땅한 부분이 보이기 시작하고 반항도 하게 된다. 더 자라 독립하게 되면 부모의 한계를 인정하고 받아들이게 되고, 오히려 부모에 대한 연민이 생긴다. 어려운 상황 속에서도 자녀를 위해 헌신했던 부모의 사랑에 놀라고, 진심으로 존경의 마음을 품게 된다. 나아가 부모가 늙어 돌봄이 필요해지면, 자녀는 봉양의 의무를 짊어지게 된다.

우리의 어린아이 같던 믿음도 고난이라는 시련을 겪으며 성장한다. 고통을 피하고 복락을 얻고자 종교를 선택하는 것은 단순한 기복신앙에 지나지 않는다. 그런데 실제로 많은 종교인이 이런 기복신앙에 머물러 있는 것도 사실이다. 그러나 신앙생활을 한다고 해서 고통을 피하거나 복락만 누리게 되는 것은 아니다. 생각할 힘이 있는 사람이라면 기복신앙의 한계를 발견하게 되고, 하나님에 대한 이해 또한 달라지게 된다. 전능하신 하나님, 생사화복을 주관하시는 하나님에 대한 이미지는 깨진다. 그럼에도 아직도 교회의 공적 기도문에는 이런 상투적인 고백이 관용적으로 반복해서 등장한다. 개인의 신앙은 이미 날로 성숙해지고 있는데, 교회는 여전히 구태의연한 신앙을 답습하고 있다. 성숙한 신앙인으로 서도록 도와야 할 교회가, 오히려 성숙한 그리스도인을 담아 내지 못하는 그릇이 되어 가고 있다.

내 신앙의 여정도 크게 다르지 않았다. 그리스도인의 성장은 하나님에 대한 이해가 변화하고, 하나님과의 관계가 새로워지는 것으로 표현될 수 있다. 나는 초등학교 때부터 교회에 다니기 시작했지만, 청년이 될 때까지 이렇다 할 변화는 없었다. 친구들과 어울리는 것이 좋았고, 교회에서 벌어지는 활동들이 마냥 즐거워서 교회에 다녔다. 하나님은 한없이 좋은 분이었고, 내 믿음이 얼마나 좋은지 나쁜지와는 별 상관 없이 나를 품어 주시는 허용적인 분처럼 여겨졌다. 지금 돌아보아도 믿음에 대해 특별한 갈등을 겪었던 기억은 남아 있지 않다. 교회에 대해 회의적인 생각이 들기 시작한 것은 대학 시절 사회과학 공부를 접하면서부터였다. 1980년대 대학가 분위기는 소위 운동권이 주도하고 있었다. 대학 생활에서 경험한 시위 문화와 사회과학 학습은, 신앙생활뿐 아니라 이후 내 삶 전체에 큰 영향을 주었다. 대학을 마치고 난 뒤 경험한 성령 체험은 내 인식의 또 다른 큰 전환점이었고, 나는 이를 내 나름대로 '사회과학 세례'와 '성령 세례'라고 부른다. 성령 세례보다 사회과학 세례를 먼저 받았기에, 교회와 신앙은 한때 너무도 쉽게 부정되었다. 인민의 아편이라는 말까지는 아니더라도, 교회가 변혁 운동에 동참하지 않는다면 언젠가 돌을 맞을 날이 올 것이라고 생각했다. '약자의 편을 드시는 하나님', '해방자 예수' 같은 표현들이 그 시절 내 신앙을 설명하는 말들이었다.

대학을 졸업한 뒤에는 성령의 은사를 강조하는 교회를 만나면서 또 다른 경험을 하게 되었다. 그 교회에서는 이전까지 내가 접해 보지 못한 낯설고도 신기한 일들이 일어나고 있었다. 방언이나 신유 같은 은사를 접하면서, "살아 계셔서 역사하시는 하나님"이라는 말에 깊이 매료되었다. 하나님을 내 편으로 만든다는 것은 지니의 요술램프와도 비교할 수 없을 만큼 엄청난 일처럼 느껴졌기에, 나 또한 은사를 받기 위해 경쟁하듯 기도하고 성경을 읽었다. 그 교회의 목사와, 기도를 좀 한다는 이른바 '영빨' 있는 교우들이 내게 크게 쓰임 받을 것이라고 말해 주었고, 그런 말들은 나를 더욱 열심 내게 했다. 그러나 은사를 받고 체험을 한다고 해서 내 삶 자체가 달라지는 것은 아니었다. 더구나 종말을 강조하는 교회의 분위기와 사람들을 편 가르는 분열에 염증을 느끼면서, 결국 그 교회 출석을 그만두었다. 20대에 연속적으로 겪은 사회과학과 성령 은사주의의 경험은, 내 정체성과 세계관에 큰 혼란을 안겨 주었다. 얼마나 힘들었는지, 오랜 시간 불면증에 시달렸다. 무엇을 하며 어떻게 살아야 할지 앞이 전혀 보이지 않았다. 그런 시간을 한동안 지나고 나서야 신학을 하게 되었다. 신학을 하면 뭔가 명료하게 정리되지 않을까 하는 기대가 있었다.

신학교의 풍토는 비교적 자유로운 편이어서, 성서에 대한 다양한 해석과 하나님에 대한 사유의 깊이를 더할 수 있었다. 영성 수련의 다양한 전통도 알게 되었고, 특히 예수기도와 렉시오 디비나 같은 관상 전통을 경험하면서 하나님 체험에 대한 영적 갈증도 많이 해소되었다. 개인적으로는 신앙이 성장하고 영적으로 진보한 것이 분명했지만, 역설적이게도 갈등은 교회 현장에서 더 커졌다. 진보적인 성서 해석은 회중을 당황하게 했고, 그들이 듣고 싶어 하는 설교와는 거리가 멀었다. 교우들은 위로와 축복을 원했고, 나는 직업 목회자로서 그들이 원하는 종교적 서비스를 제공해야 하는 것은 아닌지 혼란스러웠다. 유일신 하나님에 대한 전통적 이해를 부정하는 문제, 범재신론, 종교다원주의, 성소수자 인권과 같은 민감하고 위험한 주제들도 적지 않았다. 스스로 믿는 바와 가르치고 말하는 바가 다른 이런 불일치는, 목회자의 내적 갈등과 회의를 더욱 키운다. 목회자로서 더 진실할 수 있는 용기와, 그것을 제대로 설명하고 전달할 실력 모두가 내게는 아직 부족했다.

바닷물고기가 바다를 찾아 떠나 오랜 여행 끝에, 자신이 머물고 있는 곳이 곧 바다였음을 발견하는 것처럼, 내가 하나님 안에 있다는 사실은 이제 추호의 의심도 없이 분명하다. 이것은 하나님에 대한 이해가 달라지는 과정이었다. “하나님은 이런 분이다”, “저런 분이다” 하고 이름 붙이는 일이 오히려 하나님을 알고 만나는 데 방해가 되기도 한다. 나는 이제 “하나님 없이 하나님과 함께 산다”는 말에 깊이 공감한다. 여기서 내가 이해하는 “하나님 없이”란, “하나님이라는 이름이 없어도”라는 뜻에 가깝다. 그렇다고 해서 내가 하나님을 더 많이 알게 되었다는 뜻은 아니다. 오히려 알 수 없음의 영역이 더 넓어졌다. 그러나 그 모름의 영역은 모름으로 남겨 둔 채 살아도 더 이상 불편하지 않다. 하나님이 꼭 전능하거나 전지하지 않으면 어떤가. 그런 수식보다도 오히려 생명, 사랑, 정의, 평화라는 표현이 하나님에 더 가까이 다가가는 말처럼 느껴진다.

여전히 우리 바깥에 계신 어떤 대상으로서 하나님을 부르는 습관이 있다 해도, 그것 자체가 반드시 문제가 되는 것은 아니다. 불교의 '공空'이나 도교의 '도道'가 진리를 가리키는 상징과 기호일 뿐, 문자 그 자체가 중요하지 않다고 가르치듯이, 이름은 언제나 진리를 다 담아내지 못한다. "도를 도라 하면 이미 도가 아니다"라는 말처럼, 이름 붙이는 순간 진리는 이미 그 이름을 넘어선다. 이런 부정의 사유는 기독교의 하나님 이해에도 필요하다. 하나님에 대한 이해는 끊임없이 변화하고 진보해야 한다. 고정되는 순간, 그 이해는 생명을 잃는다.

이런 이유로 나는 예수의 마지막 외침을 믿음의 상실이라기보다 전혀 다른 차원의 질적 전환으로 이해한다. 우리는 신앙의 위기를 오히려 성장의 기회로 삼을 수 있다. 의심을 품고, 물음을 안고, 궁리하며 살아가다 보면 어느 순간 명료해지는 때가 온다. 교회의 언어로 표현하자면, 나는 어쩌면 믿음을 잃은 사람일지도 모른다. 그러나 역설적으로 지금이야말로 내 믿음이 어느 때보다 더 분명하다. 나에게 믿음은 깨달음과도 같다. 나는 의심과 질문을 안고 바다를 찾아 떠난 새끼 물고기였다. 아직도 여행 중이라고 할 수 있겠지만, 적어도 지금 내가 지나고 있는 이곳이 바로 바다라는 사실은 안다. 지금 여기까지가 나만의 여정이다. 불교의 공안 가운데 "부처를 만나면 부처를 죽이라"는 말이 떠오른다. 나는 그 의문의 여정 속에서 유일신으로서의 하나님을 버렸다. '하나님'이라는 말에 덧붙은 수많은 수식어 때문에, 그 이름 자체가 불편하게 느껴질 때도 있다. 그러나 그 이름이 여전히 가장 익숙하고 편안하기에, 나는 지금도 '하나님'을 부르며 기도한다. 다만 그 이름이 내게 품는 뜻은 이제 예전과는 많이 달라졌다.

마지막 대사가 오래 남는 영화 한 편이 있다. 빌 어거스트 감독의 작품으로, 국내에는 〈행복한 남자〉라는 제목으로 소개된 덴마크 영화다. 노년의 주인공은 말년에 문명과 멀리 떨어진 오지에서 살아간다. 어느 날 바람 부는 언덕 위 그의 오두막으로 젊은 시절의 연인이 찾아온다. 어떻게 지내느냐는 그녀의 인사에, 그는 신이 없는 고독 속에서 비로소 평화를 찾았노라고 답한다. 완고한 목사였던 그의 아버지는 그에게 믿음을 강요했고, 그로 인해 그는 오랜 부작

용과 상처를 겪었다. 훗날 그가 무덤가의 십자가를 향해 돌을 던지며 욕설을 퍼붓는 장면을 보면, 그가 얼마나 억압적인 분위기 속에서 상처를 받았는지 알 수 있다. 그런데 내게 그 마지막 대사는 이렇게 들렸다. 신이라는 이름이 없는 곳에서, 오히려 참된 신을 만날 수 있었다고. 그가 만난 평화는 이름 붙일 수 없는 신의 참된 이름 가운데 하나였다. 신의 이름으로 자신을 억압했던 것들로부터 벗어났을 때, 비로소 그가 부정해 왔던 신의 진면목인 자유와 평화가 찾아온 것이다. 그러므로 그의 마지막 대사는 하나님에 대한 부정이 아니라, 하나님을 하나님의 또 다른 이름인 평화로 부른 고백처럼 느껴진다.

"십자가는 피해야 할 고통이 아니라

통과해야 할 삶의 길이다.

고난 속에서 사랑은 더 깊어지고,

삶은 더 진실해진다."

7. 알파와 오메가
무덤에 묻히심

유한한 삶일지라도, 사랑과 자비로 충만한 삶을
살아갈 때 우리는 지금 여기서 이미 영원한 삶의
의미를 발견할 수 있다.

나는 죽음이 두렵다. 할 수만 있다면 오래 살고 싶다. 그러나 인간이 아무리 장수를 누린다 해도, 죽음을 피할 수는 없다. 우리는 결국 죽는다는 이 엄연한 사실을 받아들이기가 쉽지 않다.

내 뜻대로 할 수만 있다면 죽음을 피하고 싶겠지만, 인간 안에 살아 있으려는 욕구가 아무리 강해도 죽음을 이길 수는 없다. 그렇다면 죽음을 삶의 일부로 받아들이고, 인생의 아름다운 마무리로서 죽음을 준비하는 것이 그나마 더 현명한 길일 것이다.

　신앙은 죽음으로 끝나지 않는 영원한 삶의 소망을 말한다. 그러나 그 영원한 삶의 진정한 의미는 어떻게 해석하느냐에 따라 달라질 수 있다. 영원한 삶이란 결코 죽지 않고 끝없이 사는 것을 뜻하지는 않는다. 이 땅에 태어난 생명체는 모두 저마다의 수명을 다하고 죽는다는 사실을 부정하는 사람은 없다. 죽음 이후에도 삶이 지속된다는 의미로 영원을 말할 때, 그 영원한 삶은 아직 증명되지 않은 미지의 영역이다. 우리가 지금 살아 숨 쉬며 만나고 경험하는 삶만이, 굳이 증명할 필요가 없는 진짜 삶이다. 기대와 소망 속에서 죽음 이후의 삶을 영원하다고 말한다면, 현실의 삶은 너무도 짧고 허망하게 느껴질 수 있다. 그러므로 영원한 삶을 말할 때, 그 영원은 시간적 길이가 끝없이 지속된다는 의미보다는 가치 있는 삶에 붙여지는 찬사로 받아들이는 편이 더 좋겠다. 영원한 삶은 충만한 삶, 참다운 삶, 가치 있고 의미 있는 삶이라고도 말할 수 있다. 사람이 태어나 죽기까지의 시간은 길다면 길고 짧다면 짧지만, 대부분은 짧다고 느낀다. 그래서 그 짧은 인생이 더 아쉬운 것이다. 시간의 길이만 놓고 보면 인생은 짧지만, 그 짧은 생 동안 마주치고 경험하는 세계의 깊이와 넓이는 결코 만만하지 않다. 우리 인생에 정해진 길이가 있고, 그 정해진 시간마저 짧다 하더라도 결코 허무한 삶만은 아니라는 사실은, 죽음 이후에도 삶이 지속될 수 있다는 믿음 때문만이 아니라, 짧다고 느껴지는 그 인생을 어떻게 살아내느냐에 달려 있다. 유한한 삶일지라도, 사랑과 자비로 충만한 삶을 살아갈 때 우리는 지금 여기서 이미 영원한 삶의 의미를 발견할 수 있다.

예수는 십자가에 달려 죽었고 결국 무덤에 묻혔다. 그러나 그것으로 예수의 삶이 끝난 것이 아니라는 것이 복음서의 증언이다. 만일 예수의 삶이 십자가의 죽음으로 끝났다면, 오늘날 우리가 그리스도인일 수는 없었을 것이다. 예수의 말씀과 삶이 여전히 우리의 가슴에 살아 있기 때문이다. 예수의 삶이 죽음으로 끝난 것이 아니라 오늘날까지 이어지고 있다는 사실에서, 우리는 영원한 삶의 의미를 발견할 수 있다. 그렇다면 오늘도 예수의 삶이 이어지고 있다는 것은 무슨 뜻인가. 예수의 삶은 오늘 어떻게 이어지고 있는가. 예수의 삶과 가르침이 기록된 복음서를 읽으며 교훈을 얻고, 예수의 모범을 따라 살고자 하는 그리스도인들을 통해 예수의 삶은 오늘도 이어지고 있다. 또한 예수의 가르침과 정신이 인류 역사에 미친 영향 역시 여전히 지속되고 있다. 나는 부활의 의미를 바로 이 지점에서 찾고 싶다. 예수의 삶과 가르침에 영향을 받아 오늘 우리가 깨어나 새로운 삶, 곧 진리에 더 가까워지는 삶의 길을 걷게 되는 데서 부활의 의미를 찾아야 한다.

삶은 그 반대편에 놓인 죽음을 통해 오히려 더 또렷이 빛난다. 삶을 죽음에 견주어 볼 때, 죽음에 대한 사유는 삶의 의미를 더 깊게 만든다. 우리는 살아 있는 동안에도 죽음을 간접적으로 경험할 기회를 갖는다. 가까이로는 가족이나 지인의 죽음을 겪고, 또 몸이 아파 심하게 앓을 때는 이러다 정말 죽을 수도 있겠구나 생각하기도 한다. 그럴 때

삶은 더없이 소중하게 다가온다. 집착하던 것들을 조금은 털어내고 내려놓을 수 있게 되면서, 내 삶에서 진짜 소중한 것이 무엇인지 다시 한 번 확인하게 된다.

나는 그 삶과 죽음의 미스터리를 알파와 오메가라는 십자가에 담아 보았다. 그것은 마치 뫼비우스의 띠처럼 이어져 있다. 무덤을 상징하는 원은 삶과 죽음을 이어 주는 선이 되고, 무덤 위로 올라온 십자가와 무덤 속 십자가는 하나로 연결된다. 우리 인생의 여정에도 무덤에 묻히는 것 같은 고통과, 그 무덤 위로 솟아나 드러나는 희망이 함께 공존한다. 고난에 찬 삶을 원하는 사람이 누가 있겠는가. 할 수만 있다면 우리는 누구나 불행이 아니라 행복만을 선택하고 싶어 한다. 그러나 늘 행복하기만 하다면, 과연 행복을 행복으로 느낄 수 있을까. 아마도 사람은 이렇게 타협하고 싶어질 것이다. 행복을 행복으로 느끼고 분별할 수 있을 만큼만, 아주 조금의 불행은 허용하겠다고. 꼭 어떤 아픔을 겪어야 한다면 암이 아니라, 가볍게 지나갈 감기 정도의 아픔으로 대신하고 싶을 것이다. 그런데 내가 직접 살아

보면서, 또 많은 사람들의 삶을 보며, 그들의 이야기를 들으며 이르게 된 결론은 이것이다. 고통의 깊이를 경험한 만큼, 기쁨의 절정에도 이르게 된다는 것이다.

이를테면 고통의 크기를 1에서 10까지의 지수로 표시하고, 반대편의 좋음과 기쁨도 1에서 10까지의 지수로 나타낸다고 해 보자. 그렇다면 5라는 강도의 고난을 경험한 사람은, 기쁨을 누리는 절정의 수치 역시 5에 이를 수 있다는 이야기다. 가장 깊은 사랑, 사랑의 절정을 그리스도인들은 예수의 사랑에서 발견한다. 그 지수를 10이라고 한다면, 예수가 그 사랑을 이루기 위해 감내한 고난과 고통의 지수 역시 10이었을 것이다. 사랑은 결코 기쁘기만 한 것이 아니다. 사랑 안에는 고통이 함께 내포되어 있다는 사실을 우리는 예수의 삶에서도 본다. 깊이 사랑하라고 말하지만, 그렇다면 사랑은 기쁘기만 해야 하는 것이 아닌가 하고 생각할 수도 있다. 그러나 사랑의 보람과 충만함은, 오래 참는 인내와 감수해야 하는 고통을 함께 수반한다.

온전한 삶은 내가 완벽해지는 날 비로소 이루어지는 것이 아니라, 나의 어리석음과 연약함까지도 수용하고 받아들이는 데 있다는 말은 참으로 옳다. 나는 어리석게도 내 연약함은 감추어야 하고, 부족함은 어떻게든 메워야만 한다고 생각해 왔다. 그러나 노력해도 되지 않는 일이 더 많다. 헛된 노력에 지쳐 포기할 즈음이 되어서야, 비로소 나의 수치와 상처, 어리석음과 연약함이 지금의 나를 있게 했고, 또 현재의 나를 조금씩 온전하게 만들어 가고 있다는 사실을 받아들이게 되었다. 그래서 이제 나는, 아직 미지의 세계이기는 하지만, 용기를 내어 죽음을 포용하는 삶을 살아 보려고 한다. 죽음의 의미와 영원한 삶에 대한 소망은 모두 지금 여기 살아 숨 쉬는 동안 경험하는 삶의 신비 안에 이미 포함되어 있다. 죽음에 대한 나의 생각도 조금씩 바뀌고 있다. 여전히 죽고 싶지 않고, 삶에 대한 애착이 더 강한 것은 사실이다. 그럼에도 이제는 죽음을 받아들일 수도 있겠다는 생각이 든다. 예전에는 죽음을 어떻게든 떨쳐 버리고 싶은 마음이 더 컸다면, 이제는 두려움과 불안을 조금 덜어 낸 방식으로 죽음을 사유하고 있다..

8. 천국의 춤
부활

마지막 장면이 인상적이어서 오래 기억에 남아 있는 영화가 한 편 있다. 〈리틀 빗 오브 헤븐A Little Bit of Heaven〉이라는 영화인데, 불치병으로 시한부 인생을 선고받은 사람의 이야기다. 영화의 마지막 장면에서 주인공은 강 건너에서 자신의 장례식 모습을 바라보며 춤을 춘다. 그리고 마지막 대사로, 자신에게 주어진 시간이 짧았지만 충분했다고 말한다.

인생은 그저 짧기만 한 것이 아니다. 시간이 부족해서

라기보다, 충분히 사랑하며 마음껏 살아내지 못했기에 후회를 남긴다. 죽어서 자신의 장례식을 바라보며 춤출 수 있었던 것은, 그가 죽기 전에 짧다고 여길 수밖에 없는 시한부 인생을 살았음에도 마음껏 사랑하며 가슴이 이끄는 대로 충분히 살았기 때문일 것이다.

부활 십자가 '천국의 춤'에는, 천국에서 출 자유의 춤을 지금 여기 우리의 삶의 자리에서도 미리 출 수 있기를 바라는 마음이 담겨 있다. 학창 시절 내가 춤을 잘 추었다고 할 수는 없지만, 리듬을 타는 일은 어렵지 않았고 또 즐거웠다. 대학 시절 문화패 활동을 하며 풍물을 치고 탈춤을 추었던 경험도 있다. 선배들로부터 발놀음이 가볍고 너름새가 좋다는 칭찬도 들었다. 몸을 가볍게 움직일 때 신체가 느끼는 자유로움이 있다. 춤에는 자유의 몸짓이 들어 있다. 대학 시절 내가 열광했던 문학 작품 가운데《희랍인 조르바》가 있다. 조르바가 선술집에서 누구의 시선도 아랑곳하지 않고 마음껏 춤추던 대목은 지금도 기억에 남는 장면이다. 이십 대 청춘의 가슴에는 나도 조르바처럼 춤추듯 자유롭게 살고 싶다는 충동이 일었다. 지금도 내게 '자유'라는 단어는 소설 속 조르바라는 인물과 춤의 이미지로 연상된다. 예수도 진리가 너희를 자유롭게 하리라고 말씀하셨는데, 아직도 무엇인가에 얽매여 있다면 진리의 터 위에 온전히 서 있지 못하다는 반증일 것이다.

행복하려고 너무 애쓰다가 정작 행복을 누릴 겨를이 없다면 그것은 문제다. 행복하기 위해 행복을 누리는 일을 유보하는 것은 어리석다. 행복은 언젠가 도착하는 것이 아니라, 지금 여기를 살아가며 느끼는 감정이다. 나 역시 전에는, 내가 이렇게 힘든데 어떻게 현재를 즐길 수 있겠느냐며 그런 말이 마치 말장난처럼 들릴 때가 있었다. 물론 어떤 성취를 이루기 위해 오늘 우리가 인내하고 노력해야 할 일들은 분명 있다. 그러나 지나치게 목표지향적이 되면 놓치게 되는 것들도 많다. 목표와 일도 중요하지만, 그 사이사이의 일상을 돌볼 수 있어야 한다.

우리 아이들이 초등학교 저학년이었을 때의 일이 아직

도 기억난다. 서재에서 설교를 준비하고 있는데 딸아이가 방으로 들어왔다. 그날은 토요일이었고, 나는 주일 준비로 부담스러운 하루를 보내고 있었기에 딸아이의 방문을 반갑게 맞을 여유가 없었다. 아빠의 냉랭한 분위기를 느꼈는지, 돌아서 나간 딸은 그 뒤로는 내 서재에 찾아온 적이 거의 없었던 것 같다. 돌아가서 고치고 싶은 순간이다. 잠깐만 시간을 내어도 되었을 텐데, 마치 쫓아내듯 방에서 내보내고 말았다. 웃는 얼굴로 반겨 주고, 지금은 아빠가 바빠서 시간이 없으니 나중에 놀자고 상처받지 않게 말해 줄 수는 없었을까. 우리 아이들에게 초등학교 시절 가족과 함께 나들이를 하거나 야외 활동을 하는 주말은 거의 없었다. 바로 그 시절에 그런 활동이 한창 필요했을 텐데, 참 아쉬운 대목이다. 뒤늦게나마 주일 준비를 평일에 하려고 애쓰고, 토요일에는 가족과 함께 외출을 시도했다. 너무 늦은 감은 있지만, 그래도 다행히 아이들이 청소년기를 벗어나기 전에 나와 함께 자전거를 타고 수영장도 다니며 친밀감을 쌓을 수 있었던 것은 감사한 일이다. 지금은 모두 성인이 되어 부모보다 더 바쁜 시간을 보내고 있다. 이제는 자녀들에게 시간이 날 때를 기다려 함께 식사하거나, 어렵게 가족 휴가 일정을 맞춘다. 그래도 함께하는 시간을 좋아하고 기꺼이 시간을 내는 딸들이 고맙다.

자녀들과 함께한 자전거 타기는 꽤 오랫동안 이어진 취미 활동이다. 주로 당일 코스 라이딩을 즐겼지만, 가끔은 여러 날에 걸친 장거리 라이딩도 함께했다. 자전거로 경주 여행을 했고, 낙동강 종주길과 제주 환상 자전거길도 달렸다. 여행의 즐거움과 장거리 라이딩의 고단함을 함께 겪으며 정과 신뢰가 쌓였다. 자전거 덕분에 딸들과 많이 가까워질 수 있었다. 아이들이 더 어릴 때 더 많은 시간을 함께하지 못한 것은 아쉽지만, 그 시기를 아주 놓쳐 버리지 않고 지금의 좋은 관계를 이어 가고 있다고 생각하면 천만다행이다.

자전거 타기는 가족 관계뿐 아니라 내 개인의 삶에도 큰 도움이 되었고, 긍정적인 변화를 가져다주었다. 별다른 변화 없이 그저 답답하기만 하던 시기가 있었는데, 자전거를 타고 나가면 답답함과 우울감을 씻어 낼 수 있었다. 처음에는 교회 주변부터 시작해 반경을 넓혀 가며 자전거를 타기 시작했고, 초창기에는 주변에 산이 많아서 주로 언덕길을 찾아다니며 자전거를 탔다. 힘겹게 언녁을 오르며 묘한 카타르시스를 느꼈고, 인증된 전국의 자전거길을 모두 다니며 국토 종주 그랜드슬램을 달성하기도 했다. 자전거를 통해 나는 다시 활기를 되찾을 수 있었고, 주변 사람들에게도 함께 타자고 권하곤 했다. 그렇게 가족과 주변 지인들과 지금도 함께 라이딩을 즐기고 있다. 다만 요즘은 자전거를 타는 횟수가 많이 줄었다. 최근에는 매일 아침 조깅을 하고 있다. 자전거는 출퇴근처럼 일상적인 용도가 아니라면 매일 타기가 쉽지 않기 때문이다. 내게 더 잘 맞는 것은 가끔 하는 주말 라이딩이나 휴가철 장거리 라이딩이다. 운동 효과를 위해 자전거를 타려면 달리기보다 더 많은 시간이 드는 것도 사실이다. 조깅은 한 시간 이내에 원하는 만큼 운동할 수 있어 하루를 시작하기에 부담이 없다. 요즘은 주변에 러닝 인구가 확실히 늘고 있는 것 같다. 가까운 지인들 중에도 조깅을 하는 사람들이 점점 많아지고 있다. 꾸

준하지는 않지만, 가끔은 우리 가족 모두가 아침 러닝에 동참하기도 한다. 시간적 제약 없이 함께할 수 있는 좋은 취미이자 운동이라는 생각이 든다.

예수 생애 십자가의 여덟 번째 작품, '천국의 춤'은 죽은 다음 천국에서 추는 춤이 아니라, 지금 여기에서 서로 사랑하고 생을 마음껏 기뻐하며 추는 춤이어야 한다고 말한다. 그렇다면 나는 지금 어떤 춤을 추고 있는가. 날마다 신나는 일만 이어져야 행복한 것은 아니다. 일상은 소소한 일들로 채워지고, 또 반복된다. 어찌 보면 날마다 되풀이되는 생활은 지루하게 느껴질 수도 있다. 그러나 이런 일상 속에서도 활기차고 리듬감 있는 하루하루를 보내기 위해 나는 나만의 루틴을 활용한다. 아침에 눈을 뜨면 곧바로 일어나지 않고, 누운 채로 먼저 몸을 깨운다. 발치기를 하고, 붕어운동과 봉을 이용한 몸 펴기 같은 동작도 한다. 일어나면 죽염으로 입을 헹구고, 온수를 마시는데 그때도 죽염을 함께 먹는다. 그리고 조깅을 나가기 전에 먼저 배변하는 습관을 들이고 있다. 조깅 코스는 가능하면 경치가 좋은 곳으로 정한다. 돌아와 샤워를 마치고 나서야 하루 일정을 시작한다. 이렇게 아침을 여는 일은 이제 반복하다 보니, 마치 정해진 예식을 치르는 것처럼 느껴진다. 정말 상쾌하고 기분 좋은 하루의 시작이다. 좋은 루틴을 만들고 그것을 지키며 살아가는 것이, 내 일상 속 행복을 오래 지속하는 비결이다.

내가 가장 좋아하는 시간은 일주일에 한두 번 정도 가족 모두가 함께 밥을 먹는 시간이다. 때로는 외식을 하기도 하지만, 주로 집에서 음식을 준비해 먹는다. 특별히 내가 음식을 준비하는 날이면 더 기분이 좋다. 우리 가족은 각자 잘하는 요리가 있다. 나는 생선이나 고기류를 잘 다루고, 아내는 샐러드나 나물류를 잘한다. 둘째는 요리에 관심이 많아서 한식, 중식, 양식 조리사 자격증까지 취득했다. 몇 년 전, 한 해를 마무리하는 가족 모임에서 우리 가족이 가장 활기찬 순간이 언제였는지를 이야기한 적이 있는데, 음식을 준비하고 함께 먹을 때라는 답이 가장 많았다. 직접 음식을 준비해 보니 밥상이 결코 쉽게 차려지는 것이 아니라는 사실을 알게 되었다. 재료를 손질하는 일에서부터 육수를 내고 양념을 준비하는 모든 과정에 시간과 정성이 들어간다. 이제 쪽파를 다듬고 마늘을 까는 폼도 제법 손에 익어, 스스로 보기에도 안정된 자세가 되었다고 평가한다.

바닷가에 나가 맨발로 걷다가, 갯바위에 붙어 있는 바다고동을 채취해 온 적이 있다. 그것을 삶아 알맹이를 빼내고, 그 육수에 청양고추와 마늘, 조선간장 등을 넣고 조리면 맛 좋은 밑반찬이 된다. 아내가 너무 맛있게 먹어서, 몇 번 더 바다고동을 잡아다 반찬을 만들어 준 적도 있다. 바닷물에 발을 적시며 해변을 걷는 일은 건강에도 좋고, 아름다운 풍경을 바라보며 걷다 보면 기분까지 좋아진다. 거기에 더해 자연이 주는 선물인 채취의 즐거움까지 누릴 수 있다. 물론 집에 돌아와 고동을 씻고 삶아서 하나하나 까려면 서너 시간이 훌쩍 넘는다. 그래도 아내와 아이들이 맛있게 먹으며 좋아할 모습을 생각하면, 세 시간을 꼬박 앉아 고동을 까는 일도 기꺼이 하게 된다. 거의 수행하는 느낌이다. 이런 일상이 나는 너무 좋고 또 행복하다. 바닷가에 나가 맨발로 걷고 고동을 채취하는 것 말고도, 나는 재미있는 일을 하나 더 만들었다. 걷기와 함께 더 오래 바다에 머물고 싶어서 패들보드를 시작한 것이다. 가만히 돌아보면 나는 늘 산행이나 캠핑, 자전거 타기, 맨발 걷기, 패들보드, 조깅처럼 자연과 호흡하며 움직이는 일을 좋아해 왔다. 처음에는 캠핑장 사이트를 빌려 캠핑을 즐기다가, 이제는 캠핑 박스를 직접 만들어 트럭에 싣고 오지에 들어가 하룻밤을 보내기도 한다. 요즘 젊은이들 사이에서 백패킹이 유행한다고 하는데, 나도 다시 도전해 보고 싶은 마음이 있다. 자연에 더 가까이 있을 때 느끼는 평안과 기쁨이 자꾸만 나를 끌어당기는 듯하다. 어디든 하나님의 품이겠지만, 나는 자연 속으로 들어갈 때 하나님을 더 가까이 느끼는 것 같다.

집에서 화초를 기르고 텃밭을 가꾸는 일에서도 소소한 기쁨을 누리고 있다. 식물이 자라고 꽃이 피고 열매를 맺는 일은 늘 신기하고, 수확하는 즐거움도 크다. 작은 텃밭에 고추, 가지, 오이, 호박, 깻잎, 상추 같은 여름 채소를 심어 놓으면, 몇 포기 심지도 않았는데 수확이 넘쳐 주변에 나누어 먹어야 할 정도가 된다. 이런 풍성함은 시장에 나가 아무리 많은 장을 보아도 쉽게 얻을 수 없는 만족감을 준다. 나는 이렇게 날마다, 지금 여기서, 천국의 춤을 추며 살고 싶다. 혼자 추는 춤보다 함께 어우러져 추는 춤이라면 더 멋지고 더 기쁠 것이다. 어쩌면 교회는 함께 천국의 춤을 추는 공동체가 아닐까. 다음에 만들 부활 십자가 '천국의 춤'은 여러 모양의 춤추는 십자가를 원형으로 배치해, 함께 춤추는 모습으로 형상화해 보고 싶다.

이 책에 실린 이야기는
예수의 생애에 대한 이야기이면서,
동시에 결국 내 이야기이기도 하다.

예수 생애 십자가 여덟 점이 마무리된 때는 2024년 가을로 기억한다. 처음 '제자도' 십자가를 만들고 난 뒤 거의 10년의 시간이 지나서야 비로소 완성되었다. 훨씬 더 늦어질 수도 있었던 일이었는데, 우연한 계기로 십자가 만들기에 집중할 수 있는 시간이 내게 주어졌다. 목회를 그만둔 뒤에는 생계를 위해 이런저런 일을 해야 했다. 직장을 구하려고 자격증도 따고 여러 곳에 이력서를 내보았지만, 번번이 주로 나이가 많다는 이유로 채용되지 못했다.

귀농 시절에도 그랬지만, 이럴 때면 건축 현장에서 노동일을 하는 것이 돈을 마련하는 가장 손쉬운 방법 가운데 하나였다. 지인의 소개로 이른 봄부터 부산의 한 현장에서 일을 하게 되었다. 나에게 익숙한 목수 일이 아니어서 현장은 낯설고 힘들었다. 이 분야의 기술을 익힌다 해도 전망이 밝아 보이지도 않았다. 집을 떠나 현장 노동을 하며 지내는 고충은 겪어 본 사람만 안다. 내게는 노동의 고단함보다도 사적인 공간이 없는 숙소 생활이 더 불편했다. 일찍 그만두고 싶은 마음도 있었지만, 한 현장이 마무리될 때까지는 책임을 지는 것이 마땅했고, 당장 다른 대안도 없었다. 자녀들이 아직 독립하지 않아 매달 내가 감당해야 할 몫이 있었기 때문에, 견디는 수밖에 없었다. 매일 일을 마치고 나면 숙소에서 가까운 바닷가 해변을 맨발로 걸으며 피로를 풀고 마음을 달랬다.

빌딩 건축의 여러 공정 가운데 한 부분이었던 내 작업은 다른 공정과 일정이 맞지 않게 되면서 예정보다 일찍 끝났고, 나는 집으로 돌아오게 되었다. 며칠 쉬어 볼 겸 자전거 여행길에 올랐다. 내가 떠나는 장거리 라이딩은 주로 텐트와 취사도구까지 모두 챙겨 가는, 이른바 자전거 캠핑, 곧 '자캠'이라고 하는 방식이다. 목포에서 배를 타고 제주로 들어가 신나게 달리다가, 마음에 드는 장소가 나오면 텐트를 쳤다. 그렇게 며칠을 보내고 돌아오는 날, 동기로부터 전화가 걸려 왔다. 손에 들고 기도할 수 있는 십자가를 만들어 줄 수 있겠느냐는 문의였다. 주문량도 꽤 되는 편이었다. 당장 할 일이 없어 막막하던 차라 정말 반가운 전화였다. 집에 돌아오자마자 샘플을 만들어 보내고, 뒤이어 들어온 주문량도 제법 되어서 늦은 봄부터 여름까지는 십자가만 만들었다. 그렇게 십자가를 만드는 일에 집중하면서, 중단되었던 '예수 생애 십자가' 만들기도 다시 시작하게 되었다. 몇 점은 이미 완성되어 있었지만, 아직 미완성상태로 남아 있는 불완전한 샘플도 있었고, 머릿속 구상 단계에만 머물러 있는 것도 있었다. 다른 곳에서도 십자가를 만들어 달라는 주문이 몇 군데 더 들어와서, 다른 일을 하지 않아도 되는 상황이 되었다. 아이디어가 잘 떠오르지 않아 한동안 멈추어 있었던 '예수 생애 십자가 만들기'도 그

때는 잘 진행되었다.

그렇다고 그 시기에 예수 생애 십자가 만들기를 마무리하겠다는 생각까지 했던 것은 아니다. 그때의 나는 무슨 일을 하며 어떻게 살아가야 할지를 두고 여전히 궁리하고 있었다. 어쨌든 그렇게 십자가를 만들면서 마음이 놓였다. 이렇게 십자가를 만들어 팔 수 있다면, 집을 떠나 원하지 않는 임금노동을 하지 않아도 되겠구나 하는 생각이 들었고, 그러자 십자가를 만드는 일이 더 즐거워졌고 희망도 생겼다.

예수의 생애를 십자가로 형상화하는 과정에서, 그리고 이 글을 써 내려가면서 나는 예수의 삶에 대해 많은 생각을 했다. 그러나 그보다 더 많이 한 일은 내 삶을 되돌아보는 일이었다. 그래서 이 책에 실린 이야기는 예수의 생애에 대한 이야기이면서, 동시에 결국 내 이야기이기도 하다. 내가 살아온 삶을 돌아보면 참 어리석고, 유치하고, 부끄러운 일들이 더 많았다. 그렇다고 내 연약함을 모조리 드러내어 밝힐 수는 없었다. 다만 혼자 되새기며 후회도 해보고, 다시 돌아갈 수 있다면 고쳐 보고 싶다는 생각을 했다. 쉽게 떨쳐 내지 못하는 기억에 사로잡힐 때면, 나는 작은 나무 십자가를 손에 쥐고 산책을 하거나 달리기를 했다.

말하지 않을 뿐이지, 대부분의 사람들도 지난날의 후회나 수치심을 조금씩은 저마다의 비밀로 품고 살아가는 것 같다. 이제는 예전처럼 지난날에 대한 후회나 부끄러움 때문에 오래 힘들어하지는 않는다. 왠지 모를 답답함도 전보다 덜하다. 나이가 들면서 분명 스스로를 향한 자책도 조금씩 줄어드는 것 같다. 여전히 부족한 부분은 많지만, 이제는 조금 덜 어리석게 살고 싶다. 지금 여기, 하루하루를 정말 소중하게 여기며, 내 옆에 있는 사람들과 재미있게 살아가고 싶다. 그래서 나는 오늘 아침에도 즐겁게 달리기를 했고, 다음 주말에는 가족들과 무엇을 하면 즐거울까 하는 행복한 고민을 한다. 솔직히 말하면 이 책은 처음에 십자가를 홍보하려는 의도로 쓰기 시작했다. 경제적인 수입처를 만들어야 한다는 필요도 있었고, 십자가 주문이 많아지면 좋겠다는 기대와 욕심도 있었다. 그런데 막상 책을 마무리하는 지금은, 십자가를 만들고 또 이렇게 내 삶을 돌아보는 시간만으로도 이미 충분하다는 생각이 든다. 어떤 미래가 나를 기다리고 있을지는 알 수 없지만, 아마도 나는 분명 재미있게 살고 있을 것이다.

"섭자가는 끝이 아니라

새로운 시작의 문이다.

죽음을 통과한 사랑만이

부활의 이야기를 완성한다."